青春期男孩快乐成长必读书

QINGCHUNQI NANHAI
KUAILE CHENGZHANG BIDUSHU

赵一◎编著

中国财富出版社

图书在版编目（CIP）数据

青春期男孩快乐成长必读书 / 赵一编著．—北京：中国财富出版社，2016.4

ISBN 978-7-5047-6034-0

Ⅰ.①青…　Ⅱ.①赵…　Ⅲ.①男性—青春期—家庭教育　Ⅳ.①G78

中国版本图书馆 CIP 数据核字（2016）第 020148 号

策划编辑　刘　晗　　**责任编辑**　白　昕　杨　曦

责任印制　方朋远　　**责任校对**　梁　凡　　**责任发行**　邢小波

出版发行　中国财富出版社

社　　址　北京市丰台区南四环西路 188 号 5 区 20 楼　**邮政编码**　100070

电　　话　010—52227568（发行部）　010—52227588 转 307（总编室）

010—68589540（读者服务部）　010—52227588 转 305（质检部）

网　　址　http://www.cfpress.com.cn

经　　销　新华书店

印　　刷　北京京都六环印刷厂

书　　号　ISBN 978-7-5047-6034-0/G・0641

开　　本　710mm×1000mm　1/16　　**版　　次**　2016 年 4 月第 1 版

印　　张　14　　**印　　次**　2016 年 4 月第 1 次印刷

字　　数　228千字　　**定　　价**　32.80 元

前言 Preface

很多家长都有一个误区，认为女孩在成长过程中需要精心呵护，嘘寒问暖，男孩则完全可以安心放养。其实并不然。青春期的男孩是敏感又叛逆的，他们爱热闹、爱逞强、爱表现，开朗豁达，同时又有许多开不了口的困惑。他们也需要关爱，需要心理疏导，需要有人告诉他们什么是对什么是错。

但并不是每个男孩都能得到正确的指导。妈妈希望能走进他们的世界，但不得不说，青春期的男孩往往会对此有所抵触，觉得有些话不好意思跟妈妈说。爸爸虽然同样身为男人，但却鲜少细致有耐心地给男孩有效的帮助。

如果你家里有一个正处在青春期的男孩，那么不妨送他这本《青春期男孩快乐成长必读书》。这本书将带领男孩体验他以往未曾经历过的生理和心理的变化，告诉他如何变得稳重、宽容，教会他如何充实自己的头脑和人生，让他在探索的过程中逐渐绽放独有的魅力和光芒。

具体来说，本书的独特之处有以下几点：

第一，本书是专门针对青春期男孩成长教育的指导书籍，涉及了男孩在成长过程中可能会遇到的各种问题，包括情商品质、礼仪形象、安全教育、生理变化、心理秘密、学习能力等各个方面，能解答孩子诸多疑惑，帮助孩子健康成长，可以说是青春期男孩的必读书。

第二，书中以一个个青春期男孩的故事为主线展开，选取了男孩学习、生活中的上百个场景，男孩们都能从这些故事中找到自己的影子，找到自己也曾为之苦恼的难题，让男孩有身临其境的感觉，代入感很强，更能接受书中的道理。

第三，每一个小节后面都有“给男孩的悄悄话”，进行浅显易懂的解说与分析，并以“男孩成长手册”总结结尾，让男孩能根据自己的需求来阅读，做到有的放矢。

青春期的重要性和特殊性一定要引起家长和孩子的重视，希望本书能够帮助男孩子解答成长疑惑，明确成长目标，打开成长格局。相信通过阅读本书，青春期的男孩会更加坚强勇敢、善良乐观。

妈妈写给孩子们的话

我亲爱的孩子们，当你们翻开这本书的时候，我知道你们正在经历人生一个很重要的阶段——成长期。和每一个男子汉一样，你们也会经历很多很多。这其中，有美好的，比如探险之迷人、发现之美丽、成功之兴奋、友情之动人、亲情之恒久。同时，也会有不那么美好的，比如失败带来的沮丧、失去带来的落寞、分别带来的伤感，等等。这些，都是成长过程中不可避免的，很多时候我们无法选择，只能接受和承担。

尽管长大有这么多烦恼，但我仍然想告诉你们，成长是一个特别美好的过程，你们只有经历了这个过程才能最终成为独一无二的男子汉，才能享受其中的乐趣和精彩。千万不要因为遇到的挫折和困难而灰心丧气，有问题一定要及时跟父母沟通，向父母求助和请教可不是丢脸的事情哦，他们会告诉你们有用的经验来帮助你们更好地成长。但是我知道你们都是小小男子汉，有自己的小秘密和自尊心，肯定有不好意思让父母知道的小问题。那么这个时候，一本好书就很重要了，它既像导师又像朋友，能倾听你的秘密，也能帮你想办法出主意。我相信这本书一定可以给你们很多帮助，跟着书中的同龄人去学习如何面对青春期所带给你的问题，健康长大。当然，我更希望你们能和爸爸妈妈一起来阅读这本书，相信你们会有不同的感受和收获。

孩子们，希望这本书能带给你们知识和力量，让你们变得善良勇敢，成为真正的男子汉！

目录

Contents

第一章
安全度过青春期——你的身体正在成熟

第二章
青春纪念册——小小少年没有烦恼

第三章
由奢入俭难——打理好自己的小金库

第四章
若隐若现的情愫——花季雨季自多情

第五章
学会自我保护——你也可以是“地球超人”

第六章 让梦想开花——读书的意义

第七章 快乐在前路等待——让生活充满阳光

第八章 打造个人风度——玉树临风气自华

第九章 长成真正男子汉——选一条适合自己的路

第十章 换个角度考虑问题——克服自身弱点

第十一章
不学礼，无以立——用修养打动他人

第十二章
个人魅力征服世界——打造完美品质

第十三章
会当凌绝顶，一览众山小——规划未来的蓝图

第一章 安全度过青春期

——你的身体正在成熟

青春期有的开始得早，有的开始得晚

我成了“沙嘶劈哑”

为什么到了青春期就会长毛毛

隐秘部位要呵护

男子汉的“面子”事

运动让你活力四射

不做“豆芽菜”

青春期有的开始得早，有的开始得晚

刘强是个多才多艺的学生，不光美术拿过奖，还是合唱队的队长。可是现在已经上初中的刘强，反而觉得当合唱队队长领着大家唱歌，是很没面子的事情。因为进入初中后，合唱队里的人因为青春期变声，开始陆陆续续地离开了。而刘强不但声音一直没变，就是个子也没长多少。有时新来的小学生一不小心还会喊他同学，而不是哥哥。

为此刘强跑到音乐老师那里，请求退出合唱队。老师因为队员越来越少，人手不够，希望刘强能再帮他一段时间，刘强也只能罢休了。可是每次在学校见到从前在一起的队友时，都会觉得不好意思。那些从前的队友每次见到他都会羡慕地说："刘强，你真幸福，我现在想回去都不行。"这话刘强听了觉得刺耳，也没办法，只好笑笑，真是有苦说不出。

有时，刘强会羡慕那些嘴唇上已经有些淡淡的茸毛的男生。虽然不好看，可是那是变成男子汉的象征呀。刘强很担心，怕自己长不高，长不大。他把自己的心事告诉了好朋友。他的好朋友的妈妈正好是医生，知道刘强的苦恼后，便约他到家里玩儿。

刘强和好朋友在院子里玩儿，好朋友的妈妈走过来，指着院子里的一丛月季花说："刘强，你看这些花蕾有的大有的小，你知道哪个花苞会开得最漂亮吗？"刘强摇摇头，问："你知道吗？阿姨。""我也不知道。不过我知道它们都在努力让自己健康成长，努力让自己开得最美。"刘强好像明白了什么。

给男孩的悄悄话

男孩也许会发现，有的同学青春期来得比较早，在别的孩子还没有进入青春期时，他就已经长出了小胡子；而有的同学青春期又来得晚些，别的孩子都变声了，他还保持着童音。

科学研究得出，青春期是指性器官发育成熟、出现第二性征的年龄阶段。世界卫生组织规定将青春期规定为10～20岁。在中国青春期一般是指11～17岁。但是，具体到每个孩子，青春期又有着“个体差异”，就是说每个同学的青春期有着迟早快慢的差异。相关资料表明，青春期的早晚快慢受遗传、营养、生活习惯、情绪及周围环境等因素的影响。

医学上将青春期发育的早晚归为不同的发育类型。一般来说，分为早熟型、均衡型和晚熟型。早熟型的孩子青春期开始最早，八九岁就进入了青春期；均衡型一般是12～16岁进入青春期；而晚熟型在14～15岁才进入青春期。

所以，不同的发育类型直接关系着青春期的早晚，带来的只是一些身材上的区别，不是影响健康的因素，不需要有此方面的担忧。至于，有些孩子在很晚的时候，第二性征还迟迟不发育的，这就需要进行咨询和治疗了。

男孩成长手册

每个人的身体机能都不一样，不可能同时进入青春期。千万不能因为觉得自己比同龄人发育得早或晚而有任何心理负担。要相信，青春期的早晚没有优劣之分。

我成了“沙哳劈哑”

韩冲是一个初二的男生，已经开始身体发育的他比同班的其他男生都高了半头还要多，他一直都是班里的活跃分子，什么歌咏比赛、朗诵会都积极参加，并且因为自己清脆的嗓音还一度想等到高考之后报考播音主持专业，梦想成为一名新闻联播的主持人呢。

但是自从寒假过后，大家眼里活跃的韩冲开始变得沉默，他不爱参加集体活动了，也不爱和同学们一起玩，总是在自己的座位上低着头忙忙碌碌，而且好像不太开心的样子。有时候说句话，也不是清脆的声音了，而是有点瓮声瓮气的，班里的同学关心地问他是不是感冒了，他摇摇头，但是也不说什么。

韩冲究竟怎么了？班主任李老师也注意到了韩冲的变化。有着多年班主任工作经验的李老师抽了一个自习课的时间，把韩冲约到了操场上。

“小伙子，这次学校的朗诵比赛怎么没有报名呀？”

“嗯，嗯，我不太想去，我，我……”他吞吞吐吐，也没有说明白自己为什么不想去。

李老师耐心地看着他，听着他瓮声瓮气的回答，微笑着说：“是不是觉得自己声音不如以前好听啦？”

韩冲本来低着头，看着自己的鞋子，突然抬起头，跟老师说：“是呀，我的嗓子突然毁了，天天哑，开始以为感冒了，后来一直这样。说起话来就跟鸭子叫一样，别的同学都问我是不是嗓子不舒服，我一听到自己这么难听的声音，就再也不想说话了，更不想参加朗诵比赛，还不够丢人呢！”说到最后的时候，他的眼睛里已经闪出泪花。韩冲为了嗓子的事情已经苦恼了好久了，经李老师这么一问，禁不住难受，都快要掉下眼泪了。

李老师耐心地给他讲解了青春期男孩发育时候关于变声的问题，李老师的话为他解开了心中的困惑，他的脸上重新绽放了笑容，李老师看着他雀跃的背影，由衷地笑了。这些青春期的孩子们……

给男孩的悄悄话

相信很多男孩子都经历过这样的苦闷，那就是自己的“金嗓子”在不知不觉中变成了“公鸭嗓”，还有可能曾经被女孩起过“破嗓子”“唐老鸭”这样的绰号，还真是郁闷。“为什么我变她不变？”“为什么自己有种沙哑带磁性的感觉？”要想解决这些疑问，就有必要来了解男孩子的“变声”这一生理现象。

变声指的是人的声音由童音变为成人声音的过程，这是人成长成熟的一个必经阶段，不仅是男孩，女孩也会经历一个变声的过程，只不过女孩子变声不如男孩子明显罢了。那么进入青春期后声音为什么会变呢？这是因为人的声音主要是由声带的振动引起的，而声带的振动又与喉头的发育直接相关。进入青春期之后，雄性激素的分泌增多，会刺激男孩子喉头的快速发育，喉头逐渐变得突出，形成男性特有的喉结。与此同时，喉头里的声带也跟着增长、增宽和增厚，这样经由声带的振动而发出的声音就逐渐变得低沉。由此，男孩子曾经细而高的童声就逐渐被粗而低沉且略带磁性的音质所代替。这也就是所谓的青春期变声。变声是青春期十分正常的生理现象，男孩子没有必要为自己好嗓子的丧失而悲伤。

青少年一般会在14～16岁进入变声期，变声期一般会持续半年或一年，而这一时期的嗓子最容易受到损伤。所以，处于变声期的男孩一定要学会科学合理地使用并保护嗓子，不要让它太劳累，同时在食物的摄入方面要注意以下几点：

1. 平时多吃些富含胶原蛋白和弹性蛋白质的食物，如猪蹄、猪皮、蹄筋、鱼类、豆类、海产品等。因为这些胶原蛋白和弹性蛋白质有利于发声器官的发育。

2. 主食及副食要吃些软质、精细的食物，炒花生仁、爆米花、锅巴、坚果类及油炸类硬且干燥的食物尽量不吃或少吃，这样能够最大限度地减少对喉咙造成的损伤。

3. 平时尽量少吃辛酸苦辣的刺激性食物，不要喝过冷或过热的水，这些都会刺激声带。同时，也要忌烟酒。

4. 吃饭时要细嚼慢咽，防止食物中可能存在的砂粒、鱼骨等刺伤咽喉部的组织。

5. 平时不要大声嘶叫，不要长时间地大声说话。

男孩成长手册

变声期对进入青少年时期的男性来说是一个很特殊的时期，声音正在经历童声的柔和向成人的低沉的转变阶段，这一时期的声带也显得极为敏感，需要特殊的呵护。同时，不要被变了的音质吓到，这是男性的正常生理变化，是男孩子摆脱稚嫩走向成人的一个中转站。所以，处于这一时期的男孩子，没有必要害羞或是焦虑，反而需要的是细心，这样才能帮助自己成功度过变声期，为自己以后的健康音质打下基础。相信这也是每个男孩子所期望的。

为什么到了青春期就会长毛毛

洗澡时，逸飞突然发现在自己隐私部位长出了怪异的毛毛，他被自己的这一发现惊呆了。他突然想起去公共澡堂时曾见到大人们身上有很多毛毛，以为只有大人才会有的东西怎么在自己身上也有了呢？他很不理解，每一次去厕所时也开始感到不好意思，偷偷看同学一眼，却发现同学的身体并没有变化，而自己是怎么回事呢？他百思不得其解。

后来班里的其他男孩子也出现了这些问题，有的嘴唇旁边长出了小胡子，看上去上嘴唇脏乎乎的，也有的人腿上长了厚厚的汗毛，毛茸茸的，看着自己也感到很困惑：

“我感觉到了自己身体的变化，我不愿意让别人看到我那茸茸的东西，我开始拒绝洗公共浴池。”

“我不喜欢别人用开玩笑的语气对我说：小家伙你长胡子了！这让我感觉自己特别透明，我自己的身体他们好像了如指掌似的。”

“难看死了，我要拔掉它……这东西太讨厌了。”

给男孩的悄悄话

进入青春期以后，男孩子突然发现自己从内到外都变了，变得连自己都不太敢认识了。似乎是一夜之间，自己身上多出了很多毛毛，阴部、腋部、胸部、腿部、唇边，甚至脚上都会出现细密的茸毛，“我是怎么了？”相信很多男孩子在当时都存在这样的困惑。

那么，这些毛毛究竟是怎么出来的？

其实，这些毛毛的到来是一个好的音讯，它告诉正在成长的你其实已经不知不觉踏上了通往成熟男性的路途。一般来说，男孩子到13岁左右，会从阴茎根部的两侧长出体毛，也就是阴毛。这时候的阴毛往往颜色浅且细，随着青春期的发育，这些阴毛会逐渐增多，逐渐覆盖会阴部，毛毛颜色逐渐加深、加粗，并开始变得有些卷曲。这些毛毛其实都是在青春期男孩体内分泌的雄性激素的刺激下产生的，在长出阴毛的同时，男孩子还会陆续长出腋毛、胡子，身体上的体毛也会变得长且浓重。这些都属于正常现象，男孩子没有必要为此而烦恼和担心。这反而证明了自己在外形上开始变得成熟。

在很多电视电影上，我们能够看到那些勇猛无比的男性，腋部、胳膊和胸部的汗毛又浓又黑，很有男子汉的气概，给他们的魅力增值不少，用我们现在常说的话就是“他很man（有男子气概）”。这就引起那些体毛少的男孩的羡慕和接下来的焦虑了。“我也想变得很man，但是我的体毛很少，我不是男子汉了吗？”其实，这样的焦虑也完全没有必要。因为汗毛的密度和颜色本来就是因人而异的，并没有一个标准，而是受遗传因素的影响，体内毛囊基的色素细胞决定了体毛的颜色，毛囊的数量决定了汗毛的数量，而毛囊细胞是先天生成的，是没有办法增减的。当然，后天的生长环境如地域、气候、营养、情绪等会在一定程度上影响体毛的生长，但是在最根本上讲，体毛的浓疏和颜色的浓淡是先天就已经注定了的，而且不管是浓还是疏，一般都属于正常现象，并不影响自己的生活和学习，而且是不是男子汉也不是由体毛多少决定的，而是看他是否有责任心、正义感。因此，那些怀疑自己不是男子汉的男孩子真的不必担心，自己还是有能力通过自己的努力而成为真正的男子汉的。

男孩子应该注意，对于这些自己并不十分喜欢的毛毛，不要用镊子或手拔掉，也不要用刮胡刀刮，否则很容易破坏毛毛周边的毛囊，容易感染毛囊炎或引起皮肤感染。

男孩成长手册

男孩应该正确看待这些毛毛，并且认识到它们的出现是青春期男孩第二性征的表现，并不会对自己造成伤害。所以，对于自己突然变成满身长毛的“小泰山”，男孩也不必有太多的顾虑，顺其自然就好了，因为健康才是最重要的。

隐秘部位要呵护

肖腾是个15岁的男孩，也像这个年纪的其他男孩一样，他腼腆沉默，在班里是那种默默无闻的男生，由于比较高，座位也在后排，只是和周围的几个人比较熟悉，跟前排的同学很少来往。最近，他变得更加沉默了，他有了自己的小心事，也有了自己的小秘密。而最苦恼的是，他不能跟任何人分享这个秘密，但是他面对这个秘密又不知道该怎么办。

肖腾怎么了？原来，他洗澡的时候，猛然间发现自己的那个部位不像以前那样了，它长大了许多，自己以前怎么没注意呢？什么时候变成了这样？洗澡的时候，他不断地想，它怎么变得这么大了？而且周围还有了黑色的茸毛，弯弯曲曲的围绕在四周，跟往常自己对自己身体的印象有了很大的变化。别的男同学也是这样的吗？好几次，他都想问问班上那几个要好的男同学，他们的“弟弟”是不是也发生了这样的变化，但是一直都开不了口，觉得很不好意思。自觉地或者不自觉地，他发现自己的隐秘部位有了跟以前不一样的感觉，他觉得这样很邪恶，好像想了自己不该想的事情，夏天穿牛仔裤的时候还发现，很不舒服，热而且不透气的牛仔裤让他的隐秘部位变得不太舒服。但是为了跟大家保持一致，他也只能这样，他才不想让任何人发现他的秘密，即使是爸爸妈妈，他也不想告诉。

还是老爸敏锐的观察力帮他发现了肖腾的小秘密，老爸神秘地走进他的房间，还避开了老妈在家的时间。

老爸说：“儿子，跟你说点咱男人的事情！”

肖腾看着老爸神秘到有点鬼鬼祟祟的样子，也来了好奇心：“什么男人的事情呢？”

老爸说：“到了你这个年纪，就该是某些部位开始发育的时候了，你那有变化吗？”说完指了指肖腾的裤裆。

肖腾点点头。

老爸继续说：“这个事跟老爸聊聊没啥不好意思的，我也是从你那个年纪过来的，但是由于当时不注意，走了很多弯路，现在老爸以过来人的身份给你讲点注意事项。”

父子俩开诚布公地谈论起身体的事情，肖腾开始觉得不好意思，老爸一再劝解，两父子才开始了一场关于隐秘部位如何呵护的探讨。

肖腾的困惑也就此宣告破解。

给男孩的悄悄话

肖腾的小秘密，是无数青少年男孩曾经拥有过的秘密。传说中，当人类的始祖亚当还徜徉于伊甸园的时候，就已经知道了用树叶来遮盖自己的隐私部位，因为这个部位与文明有关，更与健康有关。而随着人类文明的发展，对隐秘部位的呵护更是引起了人们的重视。对于步入青春期的男孩，也有必要认识自己身体上的至关重要的器官——生殖器。

生殖器，也叫性器官，顾名思义，也就是用以繁殖后代的器官，因此，它对人类所起的重要作用也就不言而喻。

男性的生殖系统主要由内生殖器和外生殖器两部分构成，外生殖器包括阴囊和阴茎，内生殖器包括生殖腺体也就是睾丸、排精管道（附睾、输精管、射精管和尿道）以及附属腺体（精囊腺、前列腺和尿道球腺）。在男孩子出生开始的几年内，阴茎、阴囊和睾丸变化不大，当进入青春期后，阴茎开始逐渐变长变粗，阴囊和睾丸逐渐增长，且附近的皮肤颜色逐渐变黑，并长出阴毛。

青春期正是男孩性器官成长的敏感时期，青春期又被称为“是非期”或是“朦胧期”，但是对性器官的保护却不能朦胧，因为这关系到男性一辈子的健康和幸福。

处于青春期性器官发育关键时期的男孩子需要注意以下几点：

1. 每天清洗性器官，可以翻起覆盖在阴茎头上方的包皮，洗净阴茎头颈部的污垢。

2. 在洗浴时切勿用热水冲洗下身，特别不能在热水浴盆中泡浴，且在清洗的过程中尽量少用皂，多用清水冲洗，这样才能保证正常精子的生成和发育。

3. 尽量远离烟酒。有研究表明，频繁接触烟酒的男性对生殖器的损伤尤其严重。

男孩成长手册

生殖器对人的生命如此重要，男孩在步入青春期有些许朦胧的时候，一定要及早认识到保护生殖器的重要性和必要性。只有这样，才能许诺自己一个健康的身体和未来。

男子汉的“面子”事

李新最近总是一副战战兢兢的样子，满脸的不自信，连走路都要低着头。甚至说话的时候，也要用手遮着鼻梁，好像生怕做错了事情一般。班主任王老师察觉到这现象以后，起先只是疑惑，是否是青春期的孩子都愿意玩所谓的“低调”，试图模仿明星风范：头发长了，不愿剪，红着脸说，“这发型帅气”；上课不抬头，说是在“思考”；本来活泼风趣的孩子，突然在女生面前羞怯起来……王老师仔细回想，越发觉得这不可能仅仅是所谓的“明星效应”。

他找来李新的父母，与他们聊了一些日常发现的问题，希望父母在家多关注孩子这方面习惯形成的原因。

“他在家的时候也好像和从前不太一样，开始爱照镜子了。这男孩本来大大咧咧的，挺活泼，现在却变了一个人似的，不爱说话，答话也是含含糊糊，心不在焉。”李新的妈妈回忆他在家时的表现说道。

李新回家后，吃过饭，妈妈与他坐下谈心。和王老师一样迷惑的妈妈，也试图让孩子说出心事，却依旧落了个“无趣”的下场。多问上几句，孩子就烦躁不安起来，生怕秘密都被打听走了似的，匆匆搪塞了几句就回屋去了。

接下来的几天，李新依旧是天天揣一个小镜子，不时偷偷瞄上几眼，干什么事情都低着头，成绩也不见起色。

妈妈想，孩子这么在意形象，是谈恋爱了吗？可是这也不应该与女生说话脸红啊……越来越迷惑的妈妈询问多次失败，终于留意到每天晚上孩子都会跑到卫生间里照镜子洗脸，便在一旁偷偷留意起来。终于有一天，她走到卫生间门口，李新正撩着额上留长了的头发，对着镜子涂药膏呢……

给男孩的悄悄话

很多刚刚步入青春期的男孩都会有这样的烦恼：“既然给了我青春的美好，为什么又让我遭遇到这么多讨厌的小痘痘？”继而发出这样的疑问：“我可不可以只要青春不要痘？”

青春痘，虽然挂着“青春”的头衔，可相信不会有人喜欢它的到来。让人懊恼的是，青春期也恰恰是这些痘痘生长的黄金时段。男孩在步入青春期以后，体内的荷尔蒙分泌急剧增多，会刺激体内毛发的增长，从而促进体内皮脂腺分泌更多的油脂，毛发和皮脂腺因此会堆积许多物质，使油脂和细菌附着，引发皮肤红肿，这也就是青春痘的出现。

当然，并不是每个青春期的男孩都会长痘痘，痘痘也不是只长在青春期的青少年身上。

青春痘的出现除了与青春期的生理特征有关外，青少年平时的生活环境和习惯也会对青春痘的出现产生影响。如果长时间生活不规律，经常熬夜导致睡眠不足，或是平时压力过大使得心情长期处于低谷，或是饮食习惯不好等情况都会加剧青春痘的生长。

虽然在很多时候并不能够完全控制青春痘的出现，但是还是有很多方法能够帮助男孩们正确应对。这里介绍一些“战痘秘招”，会对爱美的男孩们有所帮助。

早起、晚睡前清洗面部，保持脸部干净清爽，避免污物堵塞毛孔。洗脸后，可以选择对脸部进行一定的保养，这就要在挑选护肤品时注意选择适合自己的。一般来讲，油性皮肤的人如果选择油腻性质的护肤品无疑是雪上加霜，这样反而给痘痘铺设了一个温床。皮肤油性较大的人还是适宜选用稀薄奶液状的护肤品。同时需要注意的是晚睡前一定要认真洗脸。

喜欢长发飘飘的男孩子应该了解，长头发很容易披散到脸上，容易刺激皮肤从而引起痘痘的出现。

没事的时候不要用手碰触脸部，即使已经长出了痘痘，也不要用手挤压，这样很容易引起皮肤化脓发炎，同时脓疮破溃后往往会形成疤痕和色素沉着，而且很多时候会留下一些凹洞，这样就真的是得不偿失了。

养成健康的饮食习惯，对预防青春痘是有很大好处的。平时吃饭的时候，尽量挑选清淡的食物，多饮水，多吃蔬菜和水果。浓茶、咖啡、可可、巧克力等极容易激发油脂及内分泌不平衡，这样会刺激皮肤形成更严重的青春痘，因此，平时尽量少接触这些食物。

同时，吸烟和酗酒的一个很坏的后果便是痘痘的频繁冒出，因此，爱美的男孩子可要加倍小心了。

容易在嘴边长青春痘的人要留意一下，牙膏中的氟化物容易诱发青春痘，所以这些人可以选择不含氟的牙膏来使用，或是刷完牙以后一定要将嘴边残留的牙膏清理干净。

还有一点很重要，那就是每天保持良好的睡眠和愉快的心情。心情好了，痘痘也就不是回事了。

其实痘痘也很有意思，如果你一直与它纠缠，它也就来劲了，会与你展开持久战。很多时候不妨选择轻视它，那么失去斗志的它可能在不久后就灰溜溜地消失了。

男孩成长手册

对于这些讨厌的痘痘，正处在青春期发育的男孩们也没有必要太过恐慌，只要平时多注意自身的清洁卫生，养成良好的生活习惯，每天保持好的心情，那么这些痘痘也就不会长时间为难你了。

运动让你活力四射

小志老实温顺，脑子又聪明，爸爸妈妈从来不为他的学习成绩担心。唯一让他们发愁的是小志不爱做运动。

小志在家除了做作业就是看电视、玩电脑。爸爸妈妈从小志的同学那了解到，他在学校里也不爱参加课外活动，除了在教室里看书就是偶尔走出教室，站在操场看其他同学玩。为此爸爸妈妈很担心。

“同学们都叫我小胖子，还笑话我矮。这肯定是因为你做的饭不好，妈妈你快点想办法帮我减肥吧。”一天放学后小志委屈地朝妈妈喊。“你的饮食我都给你做了合理的营养搭配，这还是从营养师那学来的呢，这样吃是不会发胖的。”妈妈趁机教育他说，“肯定是因为你不爱锻炼，隔壁洋洋是个运动健将，你看他身材匀称个头又高！”

“小志，告诉妈妈，你为什么不喜欢做运动呢，锻炼一下，身体健康多好啊！”妈妈试图找出原因。小志脸憋得通红说：“因为……因为我胖，做什么都比别人笨……反正就是不好看。”妈妈笑道：“就是因为你不爱做运动，吃了饭就坐着，才脂肪堆积发胖的啊。要是整天都不锻炼，你的骨骼也都懒啦，它们就不会生长了，你的个头也不会长高了。”小志害怕地看着妈妈：“那该怎么办呢？”“从今天起多做锻炼，妈妈保证你长成一个高大的帅小伙！”妈妈肯定地说。

为了变得高大帅气，小志每天都会坚持早起半小时，练习晨跑，晚饭后跟着爸爸妈妈散步，还报名参加了一个游泳训练班。在学校也开始积极参加课外活动。起初，小志总担心自己太笨，同学们会笑他，可是后来发现自己玩起游戏来，一点都不显得笨拙。找回自信的小志越来越喜欢体育运动。

现在的小志身体健康，性格也更加活泼开朗，整天精力充沛，每天晚上都能甜甜地入睡。睡梦中小志看见自己变得高高的、帅帅的！

给男孩的悄悄话

“你想健康吗？你想聪明吗？你想健美吗？请运动吧！”奥林匹克运动创始人顾拜旦曾这样说。其实，无论在学校里，还是参加工作以后，我们都不能忽视了对身体的塑造，一副羸弱的身体无法为我们抵挡人生道路上的风风雨雨，我们应该抓紧时间，培养自己坚持锻炼的良好习惯。

美国陆军上将乔治·史密斯·巴顿是第二次世界大战时期世界上最知名的将领之一。他自青少年时期就酷爱锻炼，小的时候，为了锻炼身体，他几乎每天都要跑上一两公里。进入弗吉尼亚军事学院后，巴顿成了同年级跑得最快的学生。

毕业后，巴顿以优异的成绩获得进入西点军校的保送资格。1909年6月，巴顿从军校毕业赴美国第一集团军骑兵部队服役。在部队时，虽然对他来说体育锻炼是业余的，但只要时间允许，巴顿每天都会挥汗如雨地往返奔跑近15公里。在履行兵役的同时，巴顿还代表国家“出征”奥运会。正是由于青少年时期打造了一副强健的体魄，巴顿将军指挥作战时，虽然身体消耗程度与职业运动员无异，但他仍然可以几天几夜不合眼，却精力充沛。

科学研究表明，人体大部分器官的成熟都是在青少年时期完成的。换句话说，人在成年以前，是器官生长发育的时期，也就是给它们“充电”的时期。各大器官到底有多少能量，到底能用多久，取决于我们“充电”的质量。

这正好也解释了为什么青少年时期不良的生活习惯对身体伤害更大的问题。本来应该是积累获得的时候，但一些不爱惜身体的青少年却在大量地损耗，这肯定要导致机体功能不但没有发育完全，反而更加低下了。

因此，青少年时期养成锻炼身体的好习惯，这至关重要。

锻炼身体的习惯有利于人体骨骼、肌肉的生长，能有效改善血液循环系统、呼吸系统、消化系统的机能状况，有利于人体的生长发育，提高抗病能力，增强机体的适应能力。同时，锻炼还能改善神经系统的调节功能，提高神经系统对人体活动时错综复杂变化的判断能力，并及时做出协调、准确、迅速的反应，使人体适应内外环境的变化，保持机体生命活动的正常进行。

如果能够养成锻炼身体的习惯，器官和组织功能就会得到进一步完善，为未来积蓄更多的能量。经常进行锻炼的人，心脏动力更足，一次搏动所提供的血液也就更多，所以他们心跳的频率就要慢，心脏自然就能工作更长的时间。当然，其他器官也是如此。

男孩成长手册

锻炼身体必须持之以恒，人就如同机器一样，经常运动才能不生病。在平时的生活中，我们可以先就自己的兴趣给自己制订一个锻炼身体的计划，全面锻炼，合理安排。然后督促自己一定要持之以恒，此外，还可以充分利用课外时间。如外出散步、郊外踏青、打羽毛球等，也可以参加学校或校外组织的体育活动和体育比赛。

不做“豆芽菜”

江江是个瘦弱的男生，从小体弱多病的他是父母的一块心病。每次妈妈带江江出去，邻居们都会说：“江江这孩子太瘦了，得加强营养才行。”

江江妈妈总是给江江买许多鸡鸭鱼肉，但是江江却不喜欢这个，不喜欢那个，挑食不说，一不高兴了还什么都不吃，不论妈妈怎么劝都不听。

升了初中后，男孩子们正是长身体的时候，原本许多跟江江体格差不多的男孩子，仿佛一夜之间就长大了似的，嗖嗖地往高长。

体育课是江江最不愿意上的课，每次看到同学们在篮球场上，足球场上飞奔的时候，江江就很羡慕。但是他一上场，男生们都会起哄地叫他“豆芽菜”，有些喜欢恶作剧的男生还会故意推他，绊他。

体育老师也总是捏着江江的小胳膊，说：“你这样哪像个男子汉呢。”

江江做梦都想长高长壮，能够和其他男孩子一样奔驰在球场上。可是每每照镜子，江江都只能看到一个又瘦又小的小矮子。这样的形象让江江变得越来越自卑，他越来越不愿意和同龄人出去玩儿。

每天放学，江江就回家把自己锁在自己的小卧室里。妈妈看在眼里，急在心里。正巧有一天，江江远在外地做生意的舅舅来了。

江江从小就喜欢和舅舅玩，因为舅舅总能给他讲好多好多的新鲜事。这天，江江放学一回家，就看到舅舅和妈妈在客厅说话。

“舅舅。”江江高兴地扑了过去。

舅舅一把就把江江举了起来，“江江，怎么这么久没见，你还是没长高啊。”

江江不好意思地笑了。后来舅舅发现江江总是放学后，偷偷从窗户里往外看外面公园里的男孩子们打球。

“江江，想出去玩吗？”舅舅摸着他的头问。

江江点点头，随后又黯然地低下脑袋：“我不出去，他们都不愿意和我玩儿，我一出去，他们就喊我‘豆芽菜’。”

看到江江不乐意的神情，舅舅坐到他身旁，安慰起他来。在舅舅的鼓励下，江江开始积极锻炼身体，也不挑食了。他要脱离“豆芽菜”的外号，做一个健康的男孩，果然，在积极的锻炼下，江江体格和以前不一样了。

看到自己慢慢地成长，江江高兴极了。

给男孩的悄悄话

现在大家的生活水平提高了，爸爸妈妈也都把我们当宝贝，都是把最好的给我们吃，按理说，男孩应该长得很壮实有力，然而，由于各方面的原因，有些男孩却特别瘦弱，一副弱不禁风的样子，大家给这样体形的男孩起了个有意思的外号，叫他们“豆芽菜”。

“豆芽菜”体形是比喻其身材过分瘦高，四肢细长，头颅和其他部位的围径相比大得不和谐的体型。身体过分瘦弱，失去比例，肌肉力量不足看上去感觉不健康，这样的学生就像豆芽一样，习惯弯曲着头、弓着背走路，所以“豆芽菜”体形是一种不健康的标志。

“豆芽菜”体形是各个方面的原因造成的，有的学生是因为过于挑食、偏食造成长期营养供给不充足、不均衡，而有的学生则可能是因为缺乏体育锻炼而成为“豆芽菜”的。

经调查发现，“豆芽菜”体形的青少年大多数肌肉力量较差，特别是腰背肌群，因此常易出现脊柱变形，由于身体各部位的围径小，支撑内脏的肌肉力量也差，限制了各内脏器官的发育，导致体质较弱，因此爱生病。

所以，处于青春期的男孩，要拒绝做别人眼中的“豆芽菜”，练就一个健康的体魄。应该注意以下问题：第一，要注意加强营养，增加进食的热量，选用高热量、高蛋白的食品，要荤素搭配，保证营养均衡，此外，不挑食，饮食有规律。第二，就是要加强锻炼身体，生活有规律。青春期的男孩们都把乔丹和贝克汉姆作为自己的偶像，梦想自己能拥有像他们一样健美结实的肌肉，锻炼是很有必要的。从现在开始，努力和“豆芽菜”说拜拜。

男孩成长手册

不管是何种原因导致“豆芽菜”身材，都对男孩的身体健康不利，而且还会影响男孩自身的形象。因此，一定要养成良好的饮食习惯，勤加锻炼，拒绝做“豆芽菜”。

第二章 青春纪念册

——小小少年没有烦恼

成绩好了人缘坏了

沟通才是解决矛盾的正道

爸妈总和我的“自由”过不去

完了，我被误解了

我被全世界遗忘了

我的青春我做主

告别青春期的迷惘

成绩好了人缘坏了

闫朝旭入学时成绩一般，通过不断地努力学习，他的成绩逐渐上升到班里的第一名，成了班里的尖子生。可是他的同学关系，却随着成绩的上升而变得越来越糟，现在甚至同宿舍的同学都不太爱和他说话了。闫朝旭不知道为什么，起初觉得可能是平常太努力了，没有时间和大家聚在一起，所以有些疏远。可是每次主动跟别人搭讪时，别人就会走开，甚至还有人酸溜溜地说："唉，人家是尖子生，老师眼里的红人，咱们高攀不上哦。"这让闫朝旭很苦恼，他把这种情况跟老师说了。老师让闫朝旭担任学习委员，想让他通过在学习上帮助同学来改善人际关系。可是结果恰恰相反，同学们不但没找他帮忙，反而更疏远他了。闫朝旭没有办法，只好试着放弃学习的时间去跟大家沟通，结果收效甚微。老师告诉他："优秀的人难免会被嫉妒，这是人之常情，如果想成功做好事情，应该学会承担这种苦恼。朝旭，你的努力老师看到了，但不能为此而耽误了学习，而是要更加努力，一直优秀下去。"闫朝旭点了点头，虽然难过，但他并没放弃过。

当闫朝旭的考试成绩变成全校第一名时，那些曾疏远他的同学反而越来越佩服他了，开始向他请教学习经验。闫朝旭慢慢懂了，成功有时候即使付出努力，难免也会受冷落，但是真金不怕火炼，自己要有勇气做一块真金，才能取得更大的成绩。

给男孩的悄悄话

进入青春期的男孩子们在个性上会表现出更多的差异性，但是学习仍是他们的重中之重，面对升学的压力，很多老师和家长，还是非常在乎孩子的学习成绩的。学习成绩就成为了青春期里男孩子们之间较量的方面。有较量就有差别，就有高低之分，这样一来，那些成绩太好的学生就会被人嫉妒。这是正常的现象，特别是男孩子间争强好胜的心理更明显，成绩优秀的男孩子被人嫉妒也是很正常的。

青春期里的男孩子喜欢与他人比较，特别是在学习上，一旦不如别人就会产生一种羡慕、崇拜，奋力追赶的心理，这是上进心的表现。成绩特别好的男孩子，自己成了别人追赶的对象，对于这种同学间的比较应该感到自豪。但是，也有的男孩子，过于注重比较的结果，嫉妒心理就会明显地表现出来。

黑格尔曾经说过：有嫉妒心理的人，自己不能完成伟大的事业，就尽量低估他人的强大，通过贬低他人而使自己与之相齐。

这样的嫉妒心理会对嫉妒者产生消极的影响，但是对于成绩好的男孩子来说，是无须放在心上的。如果有可能就去帮助那些成绩差的学生提高学习成绩，但是不能因为怕别人嫉妒，自己就放慢学习的节拍。

成绩太好的男孩子也要认识到，只有永远的努力，才会成为最后的成功者。懈怠会夺去暂时的优秀，为了明天成为一个成功的人，要努力不止，奋斗不息。要知道，当别人嫉妒你时，说明你还没有超过他太多，当你把嫉妒者远远甩在身后时，他们就会羡慕你，崇拜你。

男孩成长手册

有竞争才有进步，但万万不可在竞争的过程中产生嫉妒心理。嫉妒不仅不能让你进步，反倒会阻碍你前进的步伐。调整好心态，向优秀的人看齐。

沟通才是解决矛盾的正道

李进自从上了高中，渐渐发现和父母没有共同话题了。李进的父母只有初中学历，他说："我老爸、老妈连怎么上网都不知道，居然以为电子邮件要到邮局去收。整天只知道叫我多吃点，多穿件衣服，我真遇到什么问题，比方学习上的，却一点儿都帮不上忙。我真不知要说他们什么好。"

小壮说起和父母沟通的事情，也觉得很头疼，他一脸埋怨地说："老妈太八卦了，我的什么事都要知道，经常打电话给老师，还成天向同学打探我的事，查看家里的电话记录，搞得我一点儿隐私都没有了。老妈这么有'办法'，还需要我跟她说什么呢？"

随着年龄的增长和自我意识、独立意识的增强，很多孩子与父母之间经常会产生意见不一致的情况，对事物的看法也存在很多明显的分歧，甚至出现极大的矛盾和隔阂，在不经意间出现抵触和反叛情绪，经常牢骚满腹、怨气冲天。

"我不爱和我爸妈讲话，他们什么也不懂，还整天啰啰唆唆的，真是烦死我了！"

"我和爸妈很难好好沟通，说不到两句话就会吵架！"

"妈妈不说话还好，若她说话我便会觉得很烦！"

给男孩的悄悄话

其实父母是爱你的，你也是尊敬父母的，可为什么还会出现以上这些情况呢?

如果我们静下心来仔细思考就会发现，问题主要在于男孩和父母之间太缺乏经常而有效的沟通了。人与人相处是需要沟通的，和父母也是一样，每天花一小时时间和父母聊天，足以拉近两者之间的距离。

如果你能抽出点时间来理解父母，听听他们的想法，将会出现两种难以置信的结果：首先，你会得到父母更多的尊重。其次，你的想法和做法也就更有可能得到他们的理解和同意。因为如果他们认为你理解他们，也更愿意听听你的想法，也会更相信你。

尽管你感到自己长大了，已经有足够的能力自作主张，但实际上还有许多事情是你这个年龄无法把握的。而父母经历过的事情很多，可以给你不少宝贵的人生经验。

你可以尝试站在他们的立场，从他们的观点，而不是自己的观点出发考虑问题。当然，和父母聊天同样也要诚心诚意，投入一定的时间和精力，这也有助于你学会理解、关心别人。理解是双方面的，你既要求父母理解自己：理解你的学习目标，理解你放松一下是为了更轻松地学习，理解友情可以增强快乐，理解一张一弛是文武之道，学习劳逸结合才有效果。同样的，你也应该理解父母：理解父母望子成龙心切，理解他们看到了将来的社会是一个高科技的信息社会，面对强烈的社会竞争他们要你提高竞争力的良苦用心。须知，天下的父母没有一个不希望自己的儿女好的。所以，你要尽早抽个时间与父母交流，告诉他们你的实际感受，他们也会因此对自己的教育方式进行一些调整，你也不会喘不过气来。

总之，当你与父母的观点与做法有分歧时，在要求父母理解尊重你时，你也要同父母进行心理换位，理解并尊重他们，这样才能加强两代人之间的沟通和理解，填平两代人之间的代沟。

遇事多和父母探讨。和父母共同讨论、达成协议，会让许多事情变得简单起来。比如家里买了电脑，父母担心你玩物丧志、影响学习，你却要坚持每天上网。对这样的问题如能加以讨论，就玩电脑的时间和学业的平衡达成协议，问题就会很好解决。

学会控制情绪。避免顶嘴、发脾气，最好的办法是：多做几个深呼吸、离开一会儿、用冷水洗洗脸。要知道，在发怒的情况下，任何事情都无法圆满解决。

你现在可能认为自己是个大人了，也开始顾及起自己的面子来。这本没错，但是如果你明知道自己错了还不肯“服软”，这就是错了。所以，如果错了，就不要逃避，更不能对父母“沉默是金”。只要主动道歉，你很快会得到父母的谅解。

男孩成长手册

家是一个人在这个世界上感觉最安全的地方，父母也是这个世界上给予你生命，并将所有的爱都给予你的人。天下没有不爱子女的父母。因此，对于生养自己的双亲，处于叛逆期的你依然应该给予足够的理解。当然，遇到不同意见可以沟通、商量，但这都要在互相信任和关爱的基础上进行。相信日益成长和理智起来的你有能力正确处理好与父母之间的关系。

爸妈总和我的“自由”过不去

这些天陆涛跟妈妈一直闹矛盾，两个人谁也不让步，陆涛觉得很委屈，就去找自己最喜欢的老师诉苦。

原来，陆涛十分喜欢轮滑，自己攒钱偷偷买了一双漂亮的轮滑鞋。陆涛暗里计划着，每天放学后去练一小时轮滑，争取下半年能参加轮滑比赛。因为练轮滑，陆涛每次回家都很累，有时满头大汗，有时累得不吃晚饭就睡了。陆涛妈妈很纳闷，就在打扫房间时仔细找了找，结果就把那双陆涛舍不得穿的轮滑鞋翻到了。陆涛妈妈不但没收了鞋，还不准陆涛再去练习轮滑。陆涛为此跟妈妈闹矛盾了。陆涛觉得自己的事情自己可以安排好，自己喜欢做什么、怎么做这是自己的自由，妈妈不应该干涉，何况自己做的又不是坏事情。陆涛讲完后，老师想了想说："陆涛，回家先跟妈妈道歉，不管怎么样跟妈妈闹矛盾是不对的，你这样做也不是解决问题的办法。跟妈妈好好说，争取她的理解，才是好的办法。"

陆涛回家跟妈妈坐下来好好谈了谈，最终妈妈答应了陆涛，不过每天不能练习太久，怕耽误学习。陆涛又开始了他的轮滑计划，而且还有了妈妈的支持。

给男孩的悄悄话

也许，有些男孩子没有注意到，不知从什么时候起，自己不再是爸爸妈妈眼里的乖宝宝，开始有自己的想法，并强烈地要求付诸实施。其实，这些是男孩进入青春期后，渐渐出现的叛逆心理。为什么说是男孩子的叛逆心理呢，难道说爸妈就不存在对男孩管制过严的问题吗？当然不是。

让我们先来分析一下青春期里的叛逆心理，男孩子们就会发觉自己存在的问题。进入青春期后，男孩子在生理上发生了很大变化，身体渐渐发育成熟。近年来，随着物质生活水平的提高，青春期提前来到，然而，生理上的成熟并不意味着心理上的成熟，其实很多男孩子的心理并不成熟，于是在青春期期间就出现了叛逆心理。

青春期的叛逆意识突出表现在他们的独立意识。对于男孩子而言，这种情况更严重。一些男孩子会希望得到独立、得到认可，在没有完全认识到自己的实力的情况下，总想着一鸣惊人，总想着挣脱父母的束缚，寻找更宽更高的天空。所以，这些男孩子会自发地采取一些接近自己梦想的措施，但是，在父母眼里，男孩子很多做法是好高骛远不切实际的。此时，出于对他们的关心，父母就会出面阻止。这就出现了男孩子们认为的被剥夺自由的现象。

父母有父母的想法，男孩子也有男孩子的想法，没有谁对谁错的问题，最主要的是缺乏沟通。如果男孩子把自己的想法告诉爸妈，爸妈也要听听他们的想法。在互相尊重的前提下，真诚的沟通就会减少很多抱怨。

男孩成长手册

通往自由的道路不止一条，男孩子们能让爸妈放心自己，自己也舒心地实现自己，才是最好的选择。

完了，我被误解了

春天到了，各种植物都开始吐出新芽，大地上也冒出一片一片的嫩绿。王老师决定组织班里同学一起去郊游，让大家自己带吃的和水，多玩一会儿再回去。不巧的是，马奇这几天正好有一点儿感冒，可是他又实在不愿意错过这个好机会，不但可以接触大自然，还能跟同学们一起玩。所以他还是决定跟大家一起去，只是在出发之前吃了几片感冒药。

大家到了学校后面的一个山坡上，那里的小草已经长起来了，还有一些小野花，特别好看。大家玩了一会儿有点累，王老师说："大家原地坐下休息一下吧。"同学们三个一组、两个一簇地坐了下来，分别拿出自己包里的零食，互相分着吃。这时候，班里的女生宋小菲突然发现自己早晨走得急，竟然没有拿水壶。这可怎么办？她有一点儿着急，这时候转身看见身边的马奇拿着一个好大的水壶。她轻轻地对马奇说："我忘了拿水壶，可以喝你的水吗？"

马奇心想，我感冒了，传染给她可不好，再说，她是女孩子，怎么能用我的水壶呢？于是，马奇摇了摇头说："不行。"只见小菲的脸马上红到了脖子根，然后默默地走开了。这时候，马奇忽然觉得自己被误解了，他并不是故意不给小菲喝水的，可是现在，她肯定以为自己是个吝啬鬼，这可怎么办呢？这下可完了，马奇的心情一下子低落到极点。

给男孩的悄悄话

青春期里的男孩子是最朝气澎湃的，最敢作敢当无畏无惧的，也是敏感多思的一群人。青春期的男孩子会特别注意别人对自己的看法，担心自己哪点做得不好会被人误解。

误解是指认识与对象的不一致，由于认识上的错误导致意思表示与内心意志不一致。而人们之间的误解是彼此理解的偏差，被误解就是被别人错误地理解，这种错误的理解还有可能导致隔阂的产生。

青春期的男孩子是非常敏感的，他们渴望被理解，又害怕被误解。而这种误解又常常发生。青春期里的男孩子常见的误解可以分为同性之间的误解和异性之间的误解。一般来说，同性之间的误解比较容易化解，而异性之间的误解则不容易。因为，到了青春期，男孩子和女孩子都敏感得很，一旦误解产生，女孩子又往往拒绝沟通，男孩子会显得手足无措。

在学习和生活中，和同学、老师等打交道时，产生误解是很正常的。如果青春期的男孩子被误解了，不要因此心事重重，不要出现“完了”的状况，不要置之不理，不要首先抱怨别人，要先反思一下自己哪儿做得不够好，然后再真诚地去向别人解释清楚，或者用自己的实际行动改变自己的形象，让别人了解到真实的自己。

不过，青春期里的男孩子一般不会遇到什么很深的不可化解的误解，在最纯真的青春期里，拿出一颗真心，对待每一个人，也不会有什么不可化解的矛盾。

男孩成长手册

洛克菲勒曾说过：假如人际沟通的能力也是同糖或咖啡一样的商品的话，我愿意付出比太阳之下任何东西更高的代价购买这种能力。所以，学会和他人沟通是很有必要的，青春期的男孩子一定要学一些沟通的技巧，让沟通成为一种享受。

我被全世界遗忘了

刘老师看着从校长室领回来的几个调皮鬼，气得不得了。因为这几个调皮鬼违反校规，八班被学校狠狠地批评了一通，刘老师也为此丢了奖金。几个学生都被记过，让家长带回家好好反省去了。为了学习，更是为了学生的安全，学校禁止学生去网吧，尤其是去网吧熬夜，被学校抓到后，会受到严重惩罚。可是这次让刘老师觉得很意外的是，高毅居然也在其中。高毅是个腼腆内向的学生，从来没有做过什么违反纪律的事儿，学习很努力，成绩不好不坏，一直都是中上等。

刘老师怎么也不明白，高毅为什么这么做。他把高毅叫到办公室，想好好问一问。高毅一进办公室，还没开口说话就哭了，“老师，我不是想故意违反纪律的，您别让我叫家长好吗。”“那你为什么去网吧呢？你也知道学校对这种事情处罚很严的。”“我是觉得老师和同学们都不喜欢我……”原来，高毅一直觉得自己总是被冷落，同学们从不主动搭讪他，老师也没有主动和他说过话。每天坐在书桌旁，只觉得自己好像被人遗忘了。高毅觉得自己太普通了，成绩是很好，也没有什么特长，跟同学在一起因为内向也不是很活跃，所以大家都不重视他更谈不上喜欢他，高毅觉得自己很没用。

听了高毅的话，老师语重心长地说：“高毅，你怎么会没用呢，你也不普通啊，你的作文很棒呀，老师记得你去年还在作文大赛中得奖了呢。”“可是他们说，作文好不算什么。”“什么话，作文好也是长处，说明你对文学很敏感，好好努力，将来说不定会成为一个大作家。”高毅听了点点头。

3天后，高毅回到了学校。大家还是没太注意他，但是高毅变了，虽然还是那么内向，但是变得自信开朗了，因为他相信自己将来也会有一番成就的。

给男孩的悄悄话

进入初高中以后的男孩子基本上都处于青春期了，随着青春期的到来，男孩子们的身体和心理都发生了很大的变化，智力也是如此。不同的男孩就会表现出不同的特长，有的善于学习，有的善于和同学交往，还有的善于音乐舞蹈等艺术方面。所以，这时候，那些比别的男孩子较晚突出自己特长的男孩就会出现自卑心理。“我被全部世界遗忘了”等类似的想法和念头会常常在他们脑中盘旋，这是青春期男孩子正常的焦虑，出现这样的焦虑该怎么办呢?

青春期男孩的自尊心和好胜心会明显的增强，他们在很多方面开始学会和其他男孩一较高低，这是男性身心发展的正常现象，这样才造就男性们成年后的勇猛。但是，这种争强好胜的心理，在青春期里难免会给一部分男孩子带去负面的影响，一旦这些男孩子看到别人比自己强时，就会产生已不如人的心理暗示。

其实，这些男孩子，对自己和他人的估价会存在着不同程度的偏差。比如：在学习上，很多男孩子喜欢数理化，不喜欢记忆性质的东西，他们肯定就会在数学课上花费更多的精力，但是，总会有那么一些男孩子会喜欢文学，喜欢语言类的课程，他们自然就会花费更多的时间学习文学语言等。曾经有这样的流行语，“学会数理化，走遍天下都不怕”，因此这些孩子们在班里往往比较的是谁的数理化擅长，老师和家长也会更看重数理化的学习，这样一来，那些喜欢和擅长文学语言的男孩子自然就会产生自卑心理，会有不被重视的感觉。

当然，在初高中阶段还是不要偏科的好，因为，在基础教育阶段所设置的课程都是非常重要的，也许那些具体的知识会被遗忘，但是从中学来的思维却是让人们受用终生。男孩子好胜心强，也不能为了引人注意，拼命学习那些所谓的主要课程，而忽视其他课程的学习。如果，你现在觉得自己没有被重视，也只是时间和心态的问题，没有什么能够阻挡男孩子对未来的向往。记住，只要努力，永远不会太迟。

男孩成长手册

每个人都有他的强势和弱势，每个人的发展空间也都是很大的。俗话说，三百六十行，行行出状元。所以，只要我们有自己的长处，就可以立足于生活。不要拿自己的短处和别人的长处比，找好自己的位置，努力去做就是最好的。

我的青春我做主

期末考试成绩发下来了，大家都用佩服的眼光看向马进，因为这次的第一名又是他。有些同学小声议论着，说马进从上学开始，就一直是第一名。还有的说，他的智商可高了。马进坐在座位上翻着一本名人传记，对大家的注视和议论毫不理会，就像这些都很平常，本来就该这样。

马进很聪明，从初中到高中成绩一直很棒，老师们都很重视他。甚至有些老师对马进特别尽心，想重点培养这个让他们很得意的学生。可是马进对此并不上心，总是按照自己的方式做事情，甚至有时都不听老师的话，惹老师生气。这让同学和老师们都觉得马进很高傲，不谦虚。

家长会的时候，班主任表扬了很多进步的同学，一次也没提到马进，这让马进的爸爸很纳闷。家长会结束的时候，班主任把马进的爸爸和马进带到了自己的办公室。班主任说："马进是很聪明但是学习态度有些不端正。"马进辩驳说："老师，我没有不端正，只是有自己的想法而已。我在课上看课外书，是想多了解其他的事情，再说老师讲的那些知识我早就会了，再听是浪费时间。我知道您和其他老师对我期望很高，可是我觉得我学习不是为了考个好大学，而是为了创造。有很多杰出的人都没上过大学。”爸爸听完，看了看班主任，他们都明白马进有自己的理想了，这是值得高兴的事情，但是有些地方马进还不成熟，想法太偏激。老师走过去很耐心地说：“马进，学习不光在课堂上，成功的人都是善于学习的，即使他们没有上过大学，但他们会利用各种机会学习，并尽量让周围的条件更有利于自己的学习与进步。而你现在是放弃自己的有利条件，让自己处于不利的状态，你明白吗，马进？”马进有种豁然开朗的感觉：“老师，我明白了，您说的对。今后我会更努力学习，不再任性好高骛远了。”爸爸和老师都欣慰地笑了：“真是孺子可教也。”

给男孩的悄悄话

有一部热播的电视剧叫作《我的青春我做主》，引起很多青春期朋友的共鸣。一些青春期的男孩子也发出自己的呼声：“我已经长大了，请让我自己做主。”这是青春成长期非常正常的现象，但是，我们得客观地对待这些青春期里的心理，才能找到更好的解决方式。

青春期的男孩子为什么会发出这样的呼声呢？一般来说，最直接的原因是来自父母过多的管制。青春期里的男孩子已经有主见了，他们要发出自己的声音，告诉周围的人，他们也是独立的人，所以，这些男孩子会想挣破束缚做自己。

但是，父母也有父母的考虑，并且一般都是站在男孩子角度上考虑的。他们不那么爽快地放手让男孩子自己做主，主要是因为不放心，这种不放心已成了一种习惯，从孩子出生时就开始了。不看到男孩子真正成熟稳重了，父母是不放心的，自然会对他们管制多一些。

然而，一个要自由，一个不放心。到底该怎么处理这种关系呢？专家给出了一些建议：

1．男孩子要真正地培养男子汉气概，要成熟、稳重，要知得失、明大局。只有这样，他们做事时才不会好高骛远，不切实际，才能不至于半途而废。当然，真正地做到这些很难，需要一些磨炼才能做到，这就要求青春期的男孩子在做好自己的本职工作——学习后才可以寻找自由，去锻炼自己。虽然说，分数不是衡量人能力的唯一标准，但是，中学的基础知识对成长非常重要，还是有必要努力学习的。

2. 父母要学会放手。学习放手是放心的有效措施，如果父母永远不放手，男孩子就永远没有独立之日，也永远没法锻炼自己，父母也就永远不放心了。所以，根据男孩子的年龄和其他情况，放手让男孩子自己去做事，在必要时给予一些建议和帮助，是非常有必要的。

男孩成长手册

男孩子呼唤自由是正常的现象，是一种成长的见证。但是，要在自己做好准备的情况下去独立，不然会让父母不放心，也就无法放手给你自由。

告别青春期的迷惘

薛峰今年17岁了，是高中二年级的学生。现在的薛峰阳光、自信，已经成了班里的“模范生”，是同学们学习的榜样。

半年前，薛峰可不是这个样子的。他经常陷入无端的迷茫与痛苦中。他时常思考：要是考不上大学该怎么办呢？现在成绩这么差怎么可能考上大学呢？考不上大学，自己再待在学校还有什么价值呢？

他固执地认为自己是个不受欢迎的人，他总是对自己说：“你个子那么矮，瘦得像‘豆芽菜’，学习成绩又差，别人讨厌你都来不及，怎么会喜欢你呢？还是识趣点，离别人远些吧！”于是总是故意疏远同学。

薛峰还会无端地发脾气，流眼泪。有一次在课堂上因为回答不上来老师的问题，竟然当堂失声痛哭，同学们都惊呆了。虽然事后，薛峰感到很羞愧，可是当时不知道怎么回事，就是控制不了自己的眼泪。

那段时间，薛峰的状态本来就很不好，雪上加霜的是最疼爱他的奶奶病逝了。面对奶奶的离去，薛峰痛苦极了，怎么也不愿意相信亲爱的奶奶已经不在了。他固执地不让任何人动奶奶的东西，还把自己关在屋子里不吃不喝。

爸爸妈妈看到薛峰的表现，十分担心，每天苦口婆心地劝他。在爸爸妈妈的帮助下，薛峰终于从奶奶离去的痛苦中走了出来。走出痛苦的薛峰一下子明白了很多。

他开始认识到，只有健康快乐地生活，认真努力地学习才是对奶奶最大的慰藉。他开始查找自己在功课方面的不足，积极向老师同学请教问题。

虽然自己不是最聪明的，可是可以是最努力的。他坚信：有付出肯定就会有回报。从此之后，不管成绩多么差，薛峰都不会气馁，相反只会刺激他更努力地向前。似乎不再有什么挫折能阻挡他前进的步伐。

现在的薛峰心态放松了，他开始积极参加学校的活动，还和同学们创办了校报，参加了学校足球队。这些活动不仅锻炼了身体，还增强了与人沟通的能力，薛峰感受到了前所未有的快乐。

现在遇到烦心事，薛峰再也不会憋在心里，自己钻牛角尖了。他会及时找老师家长沟通，及时发现问题，寻找解决的途径。

给男孩的悄悄话

薛峰遇到的问题是发育中的常见问题。

青春期是人体生长发育的第二个高峰，生理上发生的巨大变化，青少年在思想上往往难以承受，所以伴随许多心理上的变化。这些变化极端的表现为“青春期综合征”。

青春期综合征是青少年特有的一种心理现象，是青少年在青春期因适应能力和心理防卫机制尚不成熟而出现的具有心理失调特征的心理异常，其表现是因人而异、各具特色。在现实生活中，青春期综合征的主要表现是：

苛求体貌。一些青少年对自己的容貌和衣着相当敏感，以至于过分挑剔；有些男孩会对客观存在的某些“丑陋”，如体胖、肤黑、眼小、狐臭等忧心忡忡、烦恼不已，以至于难以接受。

进入青春期后，随着性意识的发展，男孩对异性的言行举止过分敏感。他们常会把异性对自己的好感当作对自己的“倾心”，而把自己对异性的好感当作“爱情”，从而造成不必要的苦恼。

情感危机。由于青春期男孩情绪波动大，自我控制能力不强，因而当他们在学习、交友、生活等方面出现重大波折时，很容易在极度失望和沮丧的情况下，做出莽撞之事。

男孩在青春期中，应注意以下几方面：

1. 努力控制自己的消极情绪，纠正自我评价的偏差。
2. 正确认识自己、接纳自己，保持心理健康。
3. 逐步增强应付各种难以预料的挫折的能力。
4. 扩大人际交往，积极参加各种有益活动，如打球、游泳、下棋等。
5. 多了解健康方面的知识，向师长、专家请教。

男孩成长手册

尽管青春期综合征不属于严重的心理异常，可其对青少年心理的良好发展和人格的健全却是十分有害的，因此一定要尽快走出这种心理误区，不让其导致更为严重的心理障碍。

第三章 由奢入俭难

——打理好自己的小金库

树立正确的金钱观

早餐钱不能省

勤工俭学会被同学嘲笑吗

我的钱都花在哪儿了

为什么我的钱总是不够花

树立正确的金钱观

每天上学、放学，李刚都会有专车专人接送。当他从宝马车上走下来的那一刻，班上同学常常流露出羡慕的眼光，“哇！真没想到李刚家这么有钱啊！家里开的竟然是宝马。”“你不知道吗？他可是我们学校出了名的‘阔少爷’，上下学专人专车接送。”这样的话语早就在同学间传开了，李刚听后内心得意极了，心里暗自高兴，仗着自己家里有钱，他变得越来越傲慢了。在他的眼里，自己总是高人一等，家境贫寒的同学根本不配做他的朋友。为此，他总是独来独往，几乎没有朋友。

每天上学时，李刚的书包里总是塞满了好吃的零食，还时常不忘带上爸爸从国外买回来的电动玩具，在同学面前炫耀一番。下课的时候，他独自一人慢慢地品尝着美味，从来不与同学分享。有一天下课，旁边的唐浩同学看见他正在玩玩具，听说这可是最新上市的一款玩具，他忍不住想伸手摸一摸。李刚见后大声地叫喊道：“快住手！你给我放下，万一被你弄坏了，你赔得起吗？就靠你爸收废旧品那点钱，你想都不要想。”唐浩听后涨红了脸，赶紧把手缩了回来，一言不发地回到了座位上。

班长听后，忙对李刚说：“上次为灾区捐款的事你还记得吗？唐浩没有向父母要一分钱，为了能多为灾区捐一点钱，他利用放学的时间，到大街小巷捡废旧品、易拉罐和塑料瓶，不怕脏不怕累，把换来的钱全部捐给了灾区。而你却把父母给你的零花钱大手大脚地花在了吃喝玩乐上，在为灾区捐款时，你还支支吾吾，闪烁其词，不太乐意参与到这项活动中来。最后，还是你向父母要钱，给灾区捐的款。”“我们应该向唐浩学习，通过自己的辛勤劳动，筹集善款，向灾区表达我们的一份心意。”旁边的同学也你一言我一语地说开了：“我们都是好同学好朋友，不要因为同学家境贫寒的原因，而看不起同学，不愿与之做朋友。”“用钱买不到同学对你的关心，买不到我们之间的友谊。”

此时，一直站在教室门口关注孩子们的班主任王老师走了进来，她轻轻地拍了拍李刚的肩膀，亲切地对他说：“现在你花的钱都是父母的钱，他们赚钱也不容易啊！要养成节俭的好习惯，还有，不要用金钱来衡量同学间的友谊，金钱换不来友情。”李刚听后，若有所思，点了点头，认识到自己错了，决定向唐浩道歉。

“唐浩，对不起，我不应该那样对你说话，希望你能原谅我。”

“没关系，我们一直都是好朋友啊！”唐浩说完，老师和同学们都笑了。

给男孩的悄悄话

现实生活中，许多人或者是因为不满足，或者是因钱而导致朋友间的纠纷，感情的背离，或是因为钱已够多而失去了目标。总之，他们对钱又爱又恨，没有钱烦恼，有了钱不一定就会得到快乐。

在如何对待金钱的问题上，经常有两种极端做法。有些人只认钱、不认人，他们的唯一目标就是金钱，金钱成了支配他们生活的最重要的因素。

还有另外一个极端，只要可能，他们总是避免和金钱发生关系。他们把其他事物置于铜臭之上，例如人与人之间的关系、家庭、健康、精神生活。这种类型的人总是尽量回避“金钱”这个题目，收到的账单不开封，银行账单看也不看，绝对不谈论金钱。

这两种做法都过于极端。我们必须明确，金钱对我们到底有多么重要，我们需要为此付出多少时间。我们必须学会把金钱变成我们生活中的助手。

生活中，不少青少年要么花钱毫无节制，如流水一般；要么小气吝啬，如一只“铁公鸡”。这两种态度都是有问题的。

对于金钱，青春期男孩应树立正确的观念：

1．珍惜每一分钱，将它用在点儿上。大手大脚、挥霍浪费只会损害你的将来。

2．既不回避、鄙夷它，也不贪婪、吝啬，应保持平常之心。

3．成为罪恶之源，还是人生的好帮手，钱的作用取决于你的驾驭之法。

男孩成长手册

善用金钱，才能既保证生活，又获得幸福和宁静。大家一定要从青春期开始就树立正确的金钱观，不要被金钱所左右。

早餐钱不能省

吴超，是初中二年级的学生。母亲节要到了，吴超有一个甜蜜的小计划正在实施。妈妈整天在家操劳家务，为自己付出了那么多，自己一定要在母亲节那天送妈妈一份礼物，告诉妈妈自己有多爱她。

送妈妈什么礼物好呢？想来想去，他决定送妈妈一个手提包。到商店转了一圈发现一个手提包的价格还不低呢，自己以前攒的零花钱不够买一个手提包，怎么办呢？

为了到时候给妈妈一个惊喜，吴超制订了一个攒钱计划：在母亲节前不吃早餐，就可以省下早餐钱，反正几个小时后就回家吃午饭，应该不会饿太长时间的肚子的。吴超为自己的“聪明”沾沾自喜。他心里暗暗地想：省下的早餐钱再加上以前攒的零用钱才够给妈妈买一个手提包，时间已经不多了，一定要坚持住。

刚开始不吃早餐的时候，吴超早上九点左右就饿得肚子“咕咕”乱叫，时间一长，肚皮仿佛也适应了不吃早饭，不会再饿得受不了了。但是中午一回到家，吴超就会敞开了肚皮大吃，常常一个人能吃两个人的饭。

妈妈觉得很疑惑就问他："小超，是不是早餐钱不够，吃不饱啊，你看你现在脸色这么难看！"小超赶忙否认。妈妈怕儿子吃不饱，就又给小超增加了早餐钱。可是吴超仍旧一回家就喊饿。

一天天下去，吴超的钱越攒越多了，身体却越来越不好。尤其是上午上课的时候，总觉得头昏，恶心，上课根本没有办法集中注意力，反应似乎也迟钝了，学习成绩一直不错的吴超竟然对学习有了力不从心的感觉。

有一天正在上课，吴超突然胃部疼痛的难以忍受，老师马上停止上课把他送到附近的医院。经检查是轻度胃炎，了解情况后医生说和长期不吃早饭，午饭又暴饮暴食有关。

闻讯赶来的妈妈又是心疼又是生气："为什么不吃早饭，不知道不吃早饭对身体危害很大吗？每天给你的早餐钱你都干什么了？

"我……是想攒钱给你买个手提包当作母亲节的礼物……"吴超低着头小声地说。

妈妈听了感动得热泪盈眶，搂着吴超说："只要你有这个心妈妈就很高兴了。你现在正在长身体，不吃早餐对健康损害太大了，还影响学习，以后千万不能不吃早餐了！"吴超使劲地点点头。

给男孩的悄悄话

"早吃好，午吃饱，晚吃少"是大家都知道的饮食口诀，但是在执行中就会出现偏差，特别是一些男孩子，早餐很随意或干脆不吃早餐，这对身体的损害是很大的。但是这种情况在中学生里是很普遍的。很多男孩子会挪用早餐的钱，去买其他东西或攒着以期待和同学一起吃顿痛快的午餐。

营养专家指出，早晨起床后，人体很长时间没有进食，胃里是空虚状态，血糖处于极度低的状态，无法给新一天的工作和学习提供能量。如果不及时进餐的话，就会出现头晕、疲劳、反应迟钝等状况。青春期的男孩子正是学知识的时期，学习任务重，如果早餐不吃好就会影响学习。

青春期也是男孩子长身体的最佳时期，个子的高矮和这期间的营养也不无关系。国外的相关试验证明，早餐的营养如果达不到身体需求的话，就很难通过其他方式补充，午餐和晚餐也满足不了身体营养的需要，长期下去会造成营养不良，严重时还会引发相关疾病。

此外，专家还指出，青春期里的孩子一定要吃好早餐，因为，青春期要适应身体和心理上的一些变化，心里会非常敏感，情绪就会不稳定，如果不吃早餐的话，会加重情绪不稳定的现象。

男孩成长手册

青春期的男孩子，如果早餐不吃好的话，能量无法按时供给，肯定会影响身体的发育和身高。所以，青春期的男孩子请不要挪用早餐的钱，身体和智力的发育离不开营养的早餐。吃早餐，为明天。

勤工俭学会被同学嘲笑吗

老师在班会的时候宣布了一个通知，内容是学校为同学们提供一个勤工俭学的机会，有愿意参加的在各班班主任那里报名。黄嘉伦听了后很高兴，因为家里经济困难，他一直想帮妈妈做点事儿，好能贴补家用。但是妈妈怕耽误嘉伦的学习，也怕他不安全，一直都不答应。这下好了，勤工俭学既不耽误学习又很安全，还能靠自己的一份力量来解决家里的困难，黄嘉伦兴奋得恨不得马上就能被安排好去做事情。可是班上那些家庭条件好的同学，在听到老师说有关勤工俭学的事情时，有的好奇，有的捂嘴偷笑，有的窃窃私语，“勤工俭学不是那些穷人家的孩子做的事情吗，老师何必通知大家呢，把班里几个家庭条件差的报上去不就得了。”黄嘉伦听了，心里像被针扎了一样，刚要举起的手又放下了。

放学的时候，班长从后面追上来，“哎，嘉伦，勤工俭学的事儿你有兴趣吗？”黄嘉伦看看班长，摇了摇头。

“不感兴趣，你不是一直想找点事情做吗？这次机会多好，又有事情做又能锻炼自己。”黄嘉伦还是摇摇头。

班长说：“哦，我以为你会报名的，所以还想跟你一起搭个伴呢。既然你不感兴趣，那我找别人了。”

黄嘉伦听了一愣，“班长，你也需要勤工俭学吗？”

“当然啦，这是锻炼自己的好机会呀。”

黄嘉伦听后对班长十分佩服，觉得他跟其他同学就是不一样。黄嘉伦就把自己的担心，以及刚刚在班上听到的那些话告诉了班长。班长听了皱皱眉，说：“别管他，明天我们一起去报名，把这事儿也顺便告诉班主任。”黄嘉伦开心地点点头，和班长一起说说笑笑地回家了。

第二天，班主任专门抽出一点时间，在班里把勤工俭学的真正意义讲给同学们听。那些对勤工俭学交头接耳的同学听后，低下了头。班里的其他几个有些犹豫的学生也积极地报名了。班长扭头看看黄嘉伦，伸出手，黄嘉伦伸手迎了上去，两个人开心地击了一下掌。

给男孩的悄悄话

有一部分青春期的男孩子由于各种原因选择一边学习一边打工，但是，心里会担心同学对自己勤工俭学的态度。青春期的男孩子一定弄清楚勤工俭学的含义，去除这些不必要的精神负担。所谓勤工俭学是指学生一边求学，一边工作劳动的现象，是学校实施劳动教育活动的形式之一。它与教学活动、科技活动、文体活动和公益劳动一样，都是学校教育活动的一种。所以，勤工俭学不但不应该被嘲笑，反而是每个学生都应参与的劳动教育。

有的地方还采取了一系列的措施，颁布相应的规章制度来鼓励和保护学生勤工俭学。教育与生产劳动和社会实践相结合，是全面实施科技兴国战略和素质教育的重要举措，是加强中小学生素质教育和道德教育的重要途径，有利于提高学生思想道德品质创新精神和实践能力。

对于青春期的男孩子，正是学习知识的好时期，首先要端正勤工俭学的动机，有的男孩子是为了赚钱减轻家庭负担，有的则是为了锻炼自己的能力，让自己多吃些苦，磨炼自己的意志。这些都是值得肯定的动机，勤工俭学也确实是一个学生实践能力的锻炼，绝对不是什么丢人的事情。

男孩成长手册

勤工俭学的男孩子大可放心地去做，这不会招来同学的嘲笑的。但是，永远不要本末倒置了，书本上的基础知识也是必须学通的，不能急功近利，要把眼光放远点。

我的钱都花在哪儿了

下课的时候老师宣布，由于考试需要，学校要给学生们拍免冠照，每人交十元钱到班长那里。顾昌听了，把手伸进书包掏自己的零用钱，可是摸了半天也没找到。他又把书包拉出来仔细找了找还是没有，又站起来翻遍了所有衣服口袋还是没有。没办法只好向同学借钱交上，明天再还了。

回到家顾昌跟妈妈说了借钱的事儿，妈妈想了一下说：“不对呀，我前天才给你的零花钱，怎么这么快就没了？”

“我也不知道，反正没有了。”

“你是不是买什么东西了？”顾昌想了想，摇摇头，“没有。”

“你没偷偷买漫画什么的？”顾昌摇摇头，“没有。”

妈妈看顾昌不像说谎，但是想想还是觉得顾昌的零花钱没得太快。过了两天，妈妈递给顾昌一个小本子：“顾昌，以后零花钱都用在什么地方了记下来，这样你能慢慢学会管理自己的钱财。”顾昌点点头，挺高兴这样做的，他也觉得自己对零花钱没规划，以后有必要学着有计划地用钱。

给男孩的悄悄话

很多男孩子都会发出这样的声音，“我的钱都花在哪儿了”，这是困扰很多男孩子的问题。父母给的钱也不少，明明自己什么东西都没有添置，钱却没了。当然，不是他们没有买任何东西，只是这些青春期的男孩子记不清自己的钱花在哪儿了，或者是说，他们的钱没有花在该花的地方，很多情况下是浪费了。

经过调查发现，很多男孩子的消费包括这几样：吃饭、交通、零食、朋友聚会、买某某明星演唱会的门票等。仔细观察会发现，他们几乎没有花在学习上。所以，等到钱花完时，也没发现自己买到了什么使用的东西，就不知道自己的钱花在了哪儿。

其实，很多地方不需要花钱或者是能少花钱的地方，对于他们来说却成了重头戏，比如朋友聚会。同学之间聚会是很正常的，但是，现在男孩子们聚会的方式有点过于潮流了，本不属于青春期男孩子的消费范围的，却被拉近了他们的生活，当然钱就会不够花，不知道钱花哪儿了。青春期的男孩子，应该将学业放在首位，保留住一切属于青春的美好，多学知识，提高修养，其实，这些根本不会花很多钱的。所以，如果你不知道钱花哪儿了，首先检查一下自己的消费观念是很有必要的。毕竟自己还不能挣钱，就要把钱花在有所值的地方。

男孩成长手册

养成记账的好习惯，这样才能知道自己的钱都花在了什么地方，从而有效地控制自己，将钱花在更有用的地方。

为什么我的钱总是不够花

春节过后，王子辉又收到了很多压岁钱，这么多的压岁钱总算可以缓解一下自己的“财政危机”了。

在学校里，同学们都亲切地叫王子辉为“王子”。由于为人热情大方，王子辉的人缘很好，周围总有一大批“追随者”，他俨然是一个真正的“王子”。

身为王子，总该有王子的气度。一起和同学们吃饭，逛街多数都是他掏钱。他常常为自己的豪爽大方得意，觉得很有面子。要是有要好的同学过生日，王子辉更是会送上一份价值不菲的礼物，可是一年到头似乎有过不完的生日，他有点吃不消了。

家里爸爸妈妈给的生活费并不少，因为花钱大手大脚，爸爸还额外多给王子辉一些零用钱。可即使是这样，他还是会经常为钱不够花而烦恼。

王子辉根本不知道自己的钱花到哪了，自己也没有像那些女同学一样，今天买头花，明天买发夹呀，零食吃得也少。仔细想想自己买的东西都很有用啊，像是篮球，羽毛球拍，汽车模型，游戏机……难道买这些也算乱花钱吗？

幸好王子辉家境不错，每次向爸爸妈妈伸手要钱，爸妈都不过多盘问，但是即使这样，他还是觉得有点不好意思。可是同学过生日总不能不送礼物吧，同学聚会总不能不参加吧？其他男孩子都有的游戏机总不能不买吧？那岂不是太没有面子了。

花钱豪爽惯了的王子辉，不知道怎么才能既有“面子”又不乱花钱。要是自己再不拿出个理财计划，这些压岁钱很快又要花光了，自己又要陷入新一轮的“财政危机”了。

给男孩的悄悄话

现在物质生活水平提高了，父母对孩子也更慷慨了，但是，总会有很多男孩子感到自己的零花钱不够花。用心观察的人会发现，在学校的周围有很多消费的地方，并且很多不是必需的消费。所以，男孩子一定要学会理财，才能防止零花钱不够花的情况出现。

专家指出，青春期男孩子理财教育要先培养理财价值观，破除“重义轻利”的保守观念，其次要传授一些理财知识，让男孩子们懂得理财的重要性和必要性，最后才是理财技能的培养。

中国人孝字当先，青春期的男孩子学会理财也是一种孝道。既让父母少费些心，自己也掌握了必备的能力。其实，现在父母给男孩子的钱，应该是足够使用的，只要稍微有点理财意识，消除乱花钱的坏习惯，不是必须买的东西尽量不要买，买东西时不要攀比，就不会出现财政赤字现象。

男孩成长手册

作为青春期男孩子，要懂得父母挣钱不容易，不要把父母给的东西理所应当地就安心接受，也要自己主动学习理财方面的知识，让理财成为一种习惯，这样有助于激发自己奋斗之志。

第四章 若隐若现的情愫

——花季雨季自多情

怎样和女孩子相处

为什么他比我受女同学欢迎

得了“异性恐惧症”怎么办

老师干涉我和女孩的友谊

从单恋的幻影中走出来

怎样和女孩子相处

小雷是个好脾气的男生，班里同学都喜欢找他帮忙，而他也乐意帮助大家。

一天，小雪找到小雷，希望小雷能够帮她完成油画作业，小雷的油画很棒，对于小雪的要求，小雷爽快地答应了下来。

第二天放学，小雪就和小雷在画室里画画，小雪一开始说想画一幅贵妇人的画像，小雷便告诉她应该如何布置景物。

可是就在画到一半的时候，小雪突然改变主意，说要画景物，不画人物了，小雷有些为难："都画了一半了，扔掉怪可惜的，不如，你下次的作业交景物的吧。"

小雪坚决不同意："小雷，你答应了要帮我的，我觉得还是画景物好，画人物老师万一不给我高分，那我妈妈回去会说我的。"

看到小雪的坚持，小雷只得同意，但就在小雷告诉小雪如何画景物的时候，小雪又说想要画别的。

那天，小雪的主意变来变去，小雷实在无法搞清楚，小雪到底想怎么样，最后，什么也没画成。

小雪还责怪小雷，让小雷哭笑不得。到底遇到这样善变的女孩子该怎么做，才能做到最好呢？

给男孩的悄悄话

我们常说：“女孩是感性的，男孩是理性的。”可见男孩跟女孩的差别，不仅在生理上，心理上的差异也不容忽视。有时候男孩子也会在处理与女孩的关系时产生迷茫、无奈的心理，认为女孩“任性”“刁蛮”“毫不讲理”，这样的矛盾应该怎么解决呢?

首先，在处理这类问题时，男孩子应该给予最基本的理解。对于女孩的情绪多变，只有在理解的基础上才能够懂得忍让与宽容。况且，面对一个懂得理解和尊重的男孩，女孩怎么会刁难他呢?

情绪多变之外，男孩子们也很容易发现女孩的体贴和细心。女孩之所以“任性”，多因敏感所致。与男孩相比，女孩天生想得更仔细，因此对于外界的活动也就做出更激烈的反应。这样我们就不难想到，如果男孩子可以充分把握女孩子的心理，尽量顺从她们的愿望，就不会引起她们的反感。如果是很难接受的事情，拒绝时婉转加些幽默，女孩也是能够接受的。

男孩成长手册

很多青春期的男孩都不知道要如何和女孩子相处，其实只要多一些包容，对她们理解和尊重，女孩也不是那么“可怕”的。当然，当要求过分无理时，男孩子也有权利拒绝女孩子的要求，不需要不由分说地完全服从。

为什么他比我受女同学欢迎

史瑞宁是班里的班委，在学校人缘很好，很多人都很欣赏他。刘泽对此甚是纳闷，史瑞宁长得不怎么样，远没有自己帅气，可大家就是喜欢他。更气愤的是，刘泽喜欢的那个女生也是天天围着他转，对刘泽冷冷的。刘泽四处求问，别人告诉他说：男人的魅力不光是靠外貌。

其实刘泽也是被自己的嫉妒心蒙蔽了。史瑞宁之所以受欢迎，旁观者是一清二楚的。首先，史瑞宁是班干部，这决定了他基本能和班上的所有人有交流，甚至连其他班也会有很多人认识他，这个优势在学生时代是一定的。

其次，史瑞宁有一颗善良的心，一个同班同学这样说："和他相处，真的很开心！我是被他的人格魅力所吸引的。"而且他性格随和，活泼开朗，喜欢把自己骄傲的东西展示给别人，和朋友在一起的时候，他总是笑得很大声很开心，他很会玩，也很有个性。

再次，史瑞宁是个才子，很有智慧，喜欢写一些文采飞扬而略带感伤的文字；而且成绩很好，比较有思想。史瑞宁是这样说自己的："有时疯疯癫癫，有时安安静静；有时热情如火，有时冷若冰霜；有时烦躁不安，有时漠不关心……其实我是一个蛮复杂的人！"

给男孩的悄悄话

其实青春期的每个人都有自己的个性，只是史瑞宁的这种个性是如此的善良而又丰富，以至于受到这么多人的欢迎。史瑞宁的经历让我们知道，外貌固然重要，但是也不是那么重要。也许，和一个相处不久的人相处会通过外貌去喜欢他，可是一旦时间久了，同学之间就不会通过外貌去衡量人了，反而是通过他的性格等。史瑞宁就是靠自己的性格取胜。

所以每一个人要想成为异性交往中受欢迎的角色，最重要的就是，在与人交往的时候，学会顾及别人的感受，善于为别人着想。同时，要把自己锻造成有内涵的自信的人，我们可以变得开朗一些，在学习生活中更加积极主动地与同学发生联系。如果整天都只是闷着头一个人读书，谁也没那个责任去理你。友谊是交流出来的，或是言语上的互相鼓励，或是行动上的互相帮助，都很必要。当然，最基本的一些事情还是要注意的，比如说男孩要尽量会一项集体性的体育运动，要学会幽默，有大胆的想法却能够很细心地做事情。

刘泽，你不必太在意，不必太嫉妒。你可以每天微笑地面对同学们，有什么事都很真心热情地帮忙，这样自然会有好人缘。

男孩成长手册

青春期的男孩们都需要注意这个问题，如果想在异性交往中成为受欢迎的人，那就一定要学会用真诚和信任来提升自己的魅力，不仅对异性，而且对同性朋友也要多一些理解和宽容。如果这样做了，你就能发现自己身边的朋友越来越多。

得了“异性恐惧症”怎么办

“小明，把你的橡皮借我用一下。”同学涓涓向小明伸出手。

小明从铅笔盒里拿出橡皮，头也不抬地递给涓涓，涓涓用完后，对小明说：“小明，你这块橡皮真好看，借我用几天吧。”

"恩，你用吧。"小明还是头也不抬，他的脸红得像个大苹果。

小明从小就这样，和女孩子说几句话就会脸红。

走在回家的路上，涓涓从后面跑了过来，"小明，咱们一起回家吧，我家就住在你家附近。"

小明点点头，也不说话，涓涓一路上滔滔不绝地讲着笑话，小明一句话也不说。快到家的时候，涓涓生气地拦住小明："小明，我是不是得罪你了，你怎么老是不理我，我们不是好同学吗？"

小明慌乱地摇头："没有，没有。"

涓涓生气地扭头就走，"你不爱和我玩，我还不和你玩呢，有什么了不起的，哼。"

小明很难过，他不是不爱和涓涓玩，只是他面对女孩子，总是不知道该怎么办才好。小明很苦恼。

给男孩的悄悄话

青春期男孩们容易对异性产生好奇心，常常刻意接近女孩。但是也有的男孩，由于害羞、紧张，会对异性交往产生恐惧心理从而引起误会。像故事中的涓涓，就因为小明的态度，而误认为小明对她抱有偏见，不爱理她。实际上，小明却是很清楚的。他对于涓涓其实丝毫不反感，只是克服不了自己内心的障碍而不自觉地与她远离。当误会发生的时候，也鼓不起勇气来说明真实情况。

这种青春期"异性恐惧症"的产生，可能是因为男孩子与同龄的女孩接触太少，容易不知所措；也可能是因为父母的传统教育，让他们觉得男孩女孩的关系很神秘复杂，解不开内心的枷锁；更有些是怕出糗、被嘲笑、被无视，因而当他们与女孩相处时，即使不是出于恶意，也总是刻意保持距离。

对于这种状况，其实男孩们只要自然对待就可以了。刚开始可能羞于面对，无法自我克服，但是随着年龄增长，与异性的接触是难免的，慢慢便会愈加坦然地对待它。只要不刻意放大"异性恐惧症"的症状，就必定能够在成长中去克服它。

男孩成长手册

几乎每个班里都有几个羞赧的不敢跟女孩说话的男孩，一有女孩靠近就会红起脸来。其实大可不必如此紧张，放松自己，顺其自然，相信一定可以和女孩子融洽相处的。

老师干涉我和女孩的友谊

小全是个开朗的男生，班级里无论男生还是女生，都喜欢和他一起玩儿。小全最近迷上了集邮，一到周末就跑去邮票市场，这天又是周末，他一大早就赶去邮票市场，在人头攒动的市场里，小全遇到了同班同学小丽。

原来小丽也是个集邮爱好者，两个人聊邮票，聊得很开心，从那天以后，两个人常相约去邮票市场。课间也相互交换邮票。渐渐地，同学之间传起了他们之间的绯闻，但小全不在乎，他光明磊落。

可是，有一天放学，班主任把小全叫进了办公室，“小全，听说你最近和小丽常在一起玩儿啊。”

小全知道老师的意思，他说：“老师，我知道您什么意思，但我们就真的只是好同学的关系而已。”

老师拍拍小全的肩膀，“老师没别的意思，就是提醒你，还是学习为重。”

后来，小丽也被叫到了办公室，之后，小丽总是有意无意地躲着小全，小全知道，小丽是怕同学们的风言风语，也怕老师说她。

但自己和小丽真的只是好朋友关系，为什么老师就是不肯相信他们，还要从中阻挠，干涉他们之间的友谊呢？

难道，男生和女生之间，就不能存在亲密无间的友谊吗？

给男孩的悄悄话

青春期的男孩女孩，几乎无不面临着“早恋”的问题。这个“早恋”，尤其是父母、老师眼中的“早恋”，常常引起各种误会和曲解，也给男孩子们带来了不少的困扰。

像故事中所说的那样，青春期的孩子们常常要发问：男女之间就不能存在亲密的友谊吗?

当然，如果同样的情况，发生在其他的年龄段，也就不会存在这样那样的误解了。但是青春期的孩子们首先也应该理解父母、老师的心情。毕竟青春期是一个特殊的时期，男孩女孩们在荷尔蒙的作用下处于情感朦胧的时期，长辈的担心是不可避免的。况且，他们大多因担忧孩子的认知不够，担心早恋影响学习生活而进行阻挠，不论如何，初衷都是为了孩子。

但问题在于如何把握一个“度”的问题。当这种长辈的担忧和疑虑变成一种过分敏感的怀疑时，就不可避免地会出现一些凭空出现的“早恋”，正常的男女友情被无情地阻止且产生隔阂。这时，青春期男孩们就应该知道，在理解老师、家长的基础上，与他们进行说明和沟通也是必要的。当长辈们相信你是真正能够成熟地处理这个问题的时候，这样的事情也就不容易发生了。

男孩成长手册

当被家长或者老师误会时，千万不能产生叛逆心理，一定要好好沟通，让大家相信你能把握好这个“度”，这才是成熟理智的表现。

从单恋的幻影中走出来

那次和妈妈一起去参加一个夏令营，有一个小姐姐吸引了安可的注意。她在那个夏令营里面做志愿服务生，看上去清秀漂亮，温文尔雅，不知为什么，安可总是把她和小鹿联系在一起。

有一次，安可不经意闯入了这个夏令营的后房，看到她在那里准备中午的饭菜，当时吃了一惊："原来你的工作就是负责日常的伙食啊。"安可很难想象这样一个相貌秀气的女孩为什么愿意把自己放到这样低微的位置上。

她却笑了笑对安可说："我们是来这里参加学习，做什么工作不是利于别人呢？静下心来让自己做最基本的工作，才会真正树立服务社会的精神。"安可听她这样一讲，觉得有道理，心里更加尊敬和佩服她了。

从那以后，安可总是会抽时间特意跑到那里去看她在做什么，如果是集合的话，他也会努力希望能够从人群中找到她。有时看到她不忙了，他还会找机会和她一起聊聊天。

"我也在这里当志愿者，好不好？"安可问她。

"其实，只要你具有这样的精神，在哪里都一样，真的。"她一脸真诚地对安可说。

"我很想留下来，能多学一些。"安可任性地对她说。

她看看安可："等等，我找点东西给你。"说着，她去了一间小仓库，不一会儿又出来，她要送给安可一本书。

"我找了半天，只剩下最后一本了，封皮有点破了，不过还好，里面还是新的，你拿回家去好好学习吧。"她把书递到了安可的手里。

从夏令营回来之后，安可经常会一个人默默地想念她，想起她清瘦的样子，想起她那张秀气的脸和在厨房里工作的辛苦，想起临走时她对自己的鼓励，想起了她的语出不凡……总之，安可总会想起她，总会在晚上睡不着的时候翻开她给自己的那本书。

给男孩的悄悄话

我们都会做梦。男孩子小时候也许都梦想自己是一个英俊的王子，历尽千辛万苦，终于找到了自己心目中的公主，她美丽大方、温柔体贴，最喜欢的就是她那双会说话的大眼睛；女孩子小时候也许都梦想自己是一个美丽可爱的公主，等着白马王子来迎接自己，他英俊高大、机智幽默，最喜欢的就是他深沉且略带忧郁的眼神。

之后，男孩和女孩都长大了，并在现实生活中寻找自己的公主和王子。当发现某个人的某种特质与自己梦中的理想对象相符时，就会对对方产生好感，也就是我们说的喜欢。可能你认为这就是爱，而实际上，这两者是有本质区别的。

喜欢是尊重对方，认为对方有优点值得自己去尊重，也认为对方的态度与自己相似。这就是喜欢的情感。而爱情则包含亲密的感情，关怀对方和情绪上的依赖。由此可见许多人的爱情感觉，其实只是有浓烈的喜欢感觉而已。不只是异性同学，甚至是学校老师，荧幕媒体的明星偶像，都是爱慕的对象，这只是个人产生好感，认为对方某些部分与自己相似而喜欢对方而已。但有些人却将这种喜欢当作爱情，认为对方与自己的关系和别人不同，因此有时候会产生认知的偏差，不是认为自己已坠入爱河，就是自己在单恋，或者失恋。一见钟情也就是这种将对方的某些特质与自己梦中情人特质吻合配对的喜欢情感而已，只不过误以为是爱情。这是时下许多男孩苦恼的来源。因为这种感情欠缺相互亲密的成分。

心理学家认为爱情应该从情绪、动机和认知三种因素来探讨，真正的爱情不只是比喜欢更浓烈，它需要涵盖三种因素，才是真正的爱情。第一种是在情绪上有亲密的感受；第二种是在动机方面要有激情，包含生理需求及冲动；第三种是在认知上要有承诺。情绪的亲密感受会使个体产生喜欢接近对方、相互联系、彼此相互感到温暖的感觉，而不是只有单方面才有这种感觉，否则只是单恋或暗恋。在动机方面的热情，则表现在异性间的吸引力，因为生理冲动与需求会产生激情的感觉，喜欢接近、碰触与抚摸对方。但需要强调的是这种激情要自尊自重、自我控制。除了亲密与激情外，还要在认知上能理性地承诺，这种承诺是自己在理性选择下所做的决定，愿意为维持双方关系而做的决定。

因此从爱情的因素组成来看，亲密、激情和承诺都没有就是无爱，只有亲密时那只是喜欢；只有激情，称为迷恋；只有承诺则称为空爱。只有亲密、激情与承诺都具备才是完全的爱情。

仔细想一想，你对她的感情究竟是喜欢还是爱。不要把青春期所自然萌动的对异性的喜欢或好感与爱混为一谈。这是两种绝对不一样的感觉，是很不同的心理状态：喜欢就像一条小溪，清澈见底；爱则是一片汪洋，浩瀚无边。你需要用心去聆听，才能将二者分辨出来。如果不经过理性的思考，只是跟着感觉走，就会混淆二者，导致判断失误，以致自作多情，甚至自寻烦恼，耽误了青春和学业。

男孩成长手册

也许现在你们还不成熟，考虑问题还不全面，随着日后知识的增长、视野的开阔、心智的成熟，很容易“见异思迁”。其实并不是你“变心”了，而是本来并没有去爱。爱一个人要求感情专一，而喜欢则不是，你可以在不同时间喜欢不同的人，甚至可以在同一时间喜欢着不同的人。所以，青春期的男孩不要轻易说爱情。只有弄懂了爱的深层含义，你才有资格说出这个字。爱一个人需要你为自己和对方负责，问一问自己，已经做好准备了吗？

第五章 学会自我保护——你也可以是『地球超人』

避开网络诈骗的陷阱

如何应对生活中的意外

外出游玩怎样保障安全

面对传染病和突发性疾病不慌乱

提高安全意识

避开网络诈骗的陷阱

黎强喜欢上网，不过他和其他喜欢上网的男孩不太一样，他不喜欢玩游戏，也不喜欢泡论坛，他喜欢研究电脑技术。最近，黎强在一个群里认识了一个很厉害的网友。他自称是黑客，还教黎强怎么盗人游戏密码等，黎强很崇拜他。

忽然有一天，这个自称是黑客的网友让黎强在银行开一个户，并往里面存500元钱，说他可以修改银行账户程序，往黎强的户头里面存很多钱。黎强只是个初中生，零花钱很少，而他有许多想买的东西，最新出的电脑杂志、新款的运动鞋、还有给自己的电脑换个好配件……不过，黎强突然想到了爸爸常说的一句话：世上没有免费的午餐。他决定跟爸爸说一下这件事。

爸爸看了网友和黎强的聊天记录，告诉儿子："这是一起典型的网络诈骗，如果你真把钱存进去不但不会变多，还会连这500元都消失得无影无踪。"

黎强在爸爸的帮助下，联系了网络警察。

给男孩的悄悄话

网络使人与人的交流变成了人"机"模式，使一些不怀好意的人通过虚拟的事物更加隐蔽地掩盖事实真相，从而使人们容易上当受骗。网上诈骗的陷阱大部分是以一定虚假的利益为诱饵，以骗取人们的钱财为主。青春期男孩们在网上浏览、交往时，如果对方要求你汇入一定的款项，允诺会获得巨大利益时，须知道这是个陷阱，切不可贪图蝇头小利，过分相信对方而受害。

男孩上网需要注意以下问题：

1．网络拍卖欺诈。以虚拟市场为诱饵，放出大量的拍卖信息。在消费者支付以后，他们得到的往往是价值较低的商品，或者什么也没有。

2．高价回收骗局。介绍某个项目或产品如何好，有高额利润回报，要求参与者花巨资买回生产资料或生产产品，他们负责回收。但回收时却以质量未达标或交货期延误为由拒绝回收。

3．利用特殊软件，进入一些网络游戏群发虚假的中奖信息，并声称获此奖项者必须先交纳一定数额的手续费，并让中奖者将手续费汇入他们提供的银行账户上，实际上子虚乌有。

4．大奖诈骗。以发E-mail（电子邮件）的形式，告知你中大奖了，要求你汇几元钱去确认，或者支付邮资以方便他们邮寄。别小瞧这几元钱，上当的人多了，数额可不得了。

5．收发E-mail赚钱。以挣美元为诱饵，但结果是忙活了好一阵子，挣的钱还抵不上网费，白白为别人打工了。

6．传销和非法集资。在电子邮件里告诉你在一定时间内把此信息复制多少份发给其他人，并寄去一定的钱款（一般数额不会很大），还列出一个数学计算方法，告诉参与者不久将会获得一笔可观的收入。

7．点击广告条。要求上网时打开广告商给的一个广告条，在网上浏览时阅读（显示）广告，广告代理商则会根据广告在你电脑上的显示时间或点击次数计算，支付给你一笔报酬，但通常没有下文。

8．“创业机会”。在E-mail中宣称，只需很少的资本和时间就可以开创属于自己的事业（当然要与他们合作），但其最终目的只是为了骗钱。

9．“连锁店”。以“如何一月内赚到5万元”的动人口号，诱惑网友往指定的地点寄钱。

10．“家庭代加工”。让网友购买他的原料，并许诺收购网友生产的产品。当然，不管如何努力生产，网友的产品都将是“不合格”的。

11．“免费赠品”。从电话账号到电话卡都有。但如果真的想拥有它，得先付一笔会员费，或吸引“下线”入会才行。

12. “内线消息”。向网友兜售所谓股市、汇市的内线消息。试想，如果消息真有效，那些人早就发大财了，何必还靠卖它为生。

13. 修改信用卡记录。宣称只要肯付钱，他就能帮助网友修改不良的信用卡记录，或是帮助网友申请一张新卡，但是国际信用卡组织可不吃他这一套。

男孩成长手册

青春期的男孩子在生活中切不可贪小便宜，应养成正直、向上的人格，对“网上掉下来的馅饼”慎之又慎，还可以向公安机关举报此类诈骗事件。

如何应对生活中的意外

周末，爸爸妈妈出去参加朋友婚礼，家里就只有奶奶，张振和6岁的小堂弟。张振正在屋里写作业，突然听到客厅里堂弟大哭着喊：“奶奶，怎么了，快起来，哥哥，快点，奶奶摔倒了！”张振赶紧往外跑，一看奶奶已经从沙发上滑下来了，躺倒在地上。小堂弟在不断摇晃着奶奶。

张振一看，知道奶奶不是单纯的跌倒，怀疑是奶奶多年的心脑血管病犯了。他马上朝弟弟喊道：“别动奶奶，会加重病情的。”张振边喊边快速拿起电话，拨打了120。

“这里是和平小区3号楼一单元506室，我奶奶今年75岁，突然跌倒了，可能是心脑血管病犯了，现在手脚抽搐，人已经昏迷了，请快点派救护车过来！”

张振按照电话里医生的吩咐，把奶奶摆成平卧体位，并拉住哭喊的堂弟，不让他去碰奶奶，又迅速给家里人都打了电话。五分钟后，救护车到了。

由于发现抢救及时，奶奶很快就脱离了危险，要是当时张振没有立即拨打急救电话，后果不堪设想。

给男孩的悄悄话

张振及时、正确地拨打了求助电话，使奶奶转危为安。如果张振见到奶奶发病因慌乱而忘记拨打求助电话，或者是不知道如何向电话另一端的救助人员倾诉，奶奶的生命堪忧。由此可见，知道如何拨打求助电话对男孩来说是重要的生活常识。

下面，我们就来学习如何拨打紧急求救电话：

1．紧急报火警。发现大火并确认是火灾时，要立刻拨打“119”电话，不要紧张，准确向对方说明大火的位置，当前的火情，可能是什么原因引起的，有无人员被围困，等等。

2．紧急报匪警。发现坏人进行违法犯罪活动时，要立刻拨打“110”电话，简单扼要地说明问题。如犯罪人的地点，犯罪人的人数，目前在干什么，有没有凶器，有无交通工具，有无人员伤害，有无爆炸物，等等。

3．紧急报交通警。看见路途上出了交通事故，或者自己家人出了交通事故，要立刻拨打“122”电话，讲清楚交通事故的位置，车辆情况，有无人员伤亡，车辆的牌号，等等。

4．紧急拨打急救中心电话。发现有人突然发病，要立刻拨打“120”电话，准确说清楚病人所在的地址，是什么病（伤），目前的生命情况，工作单位、性别，等等。

除此之外，生活中随时都有可能发生意外。青春期的男孩已经开始承担起一些责任，因此掌握应对意外的方法显得尤为重要。

例如，如果不幸遭遇火灾，男孩子一定要勇敢，不慌乱，采取正确有效的方法自救逃生，减少人身伤亡损失：

1．身受火灾威胁千万不要惊慌失措，要冷静地确定自己所处的位置，根据周围的烟、火光、温度等分析判断火势，不要盲目采取行动。

2. 在失火的楼房内，逃生不可使用电梯，应通过防火通道走楼梯脱险。因为失火后电梯竖井往往成为烟火的通道，并且电梯随时可能发生故障。

3. 逃生时，尽量采取保护措施，如用湿毛巾捂住口鼻、用湿衣物包裹身体。

4. 如身上衣物着火，应迅速脱掉衣物，或者就地滚动，以身体压灭火焰，如果会游泳，还可以跳进附近的水池、小河中，将身上的火熄灭。总之，要尽量减少身体烧伤面积，减轻烧伤程度。

另外，男孩子们夏天都喜欢游泳，几乎每年都有青少年溺水事件发生。男孩子们如果不慎落水或在水中发生意外，应采用以下几种方法自救：

1. 保持镇静，采取仰面位，即在水中头向后仰，口鼻向上并尽力露出水面。

2. 呼吸要注意做到呼气浅而吸气深，并防止发生呛水。

3. 不要向上伸手臂进行挣扎，这样只能使人加速下沉。

4. 因腿抽筋不能游动导致下沉时，应及时呼救；如附近无人，应保持镇静，设法向浅水区或岸边靠近。

男孩成长手册

触电、煤气中毒、车祸、地震等，都是生活中可能发生的意外，我们必须在学习和生活中时刻小心，同时还必须掌握一些有效应对意外的方法。当意外真的发生时，才能及时采取正确措施，而不至于自乱阵脚。

外出游玩怎样保障安全

今天郑海和李大旭一起出门，经历了惊险的一幕。

他们在公交车上有说有笑，这时郑海发现旁边有一个人把手悄悄地伸进了李大旭的包里，而李大旭却毫无察觉，继续和郑海有说有笑。

郑海很着急，用眼睛向李大旭示意，可是李大旭并没有留心注意，继续讲那个他认为很好笑的故事。

他怎么还没有反应？郑海一着急，拉了他一下："李大旭，我们站这边。"可是李大旭丝毫没有猜到郑海的意思，继续讲他的故事。

"李大旭，你的包……"如果郑海再不说破的话，估计李大旭包里的东西就要被人顺走了，李大旭这才意识到，回过头看了一眼：好家伙，那个人已经翻到了钱包，正在往外拿了。李大旭狠狠地瞪着他："你……"

"看什么看，有什么好看的，哼！"那个人眼看阴谋没有得逞，居然理直气壮地把李大旭训了一通，似乎李大旭是个贼。

给男孩的悄悄话

节假日，我们经常会出门游玩。此时，安全一定是第一位的，只有保证了安全，才能玩得开心。那么，男孩子从青春期开始就必须掌握的保障安全的措施有哪些呢？

首先，在携带物品外出的时候，要防止他人的抢夺或是盗窃。如果是把财物放在包中外出，要尽量做到包不离身，包不离手。最好是把包挎在身上，如果是不能斜挎的侧背包，要用手捂住包或用手臂夹住包。如果是手提包，就要紧紧地抓住包，不要松手，防止歹徒趁人不备把包抢走。

骑自行车外出，如果是把包放在车筐里，要记得把包带缠牢在车把上。假如发现了车轮出现故障转不动，首先要把车筐里的包抓在手上，然后再检查车轮故障，防止坏人趁机拿走你的包。

每当假日来到，可能有很多男孩想外出旅游或者是到亲戚家做客。当你到达目的地的时候，迎面而来的经常是一大批的拉客者。这时，你可一定要小心谨慎了。在现实生活中，因为轻易相信拉客者的花言巧语而受骗上当的教训实在是太多了。

所以，当男孩们在没有父母的陪同下独闯外地时，要对那些拉客者始终保持清醒的头脑。如果是到亲戚家，那么最好不要理睬那些拉客者而是直奔目的地；如果你是去旅游却事先没有联系好住的地方，那么你应该根据自己的经济状况，选择合适的旅社投宿，那些没有营业执照的“地下旅舍”，切不可住。

万一你发现自己被人骗了，也要机智一点——先把他们拉客车辆车牌号记下来，再记下他们旅社的门牌号码或具体位置，随后拨打110报警，或者等到第二天，你假装外出旅游，再向有关部门举报。

另外，在许多的游乐园内都设置了高空游览车、悬升飞机、过山车、碰碰车、滑车、水上漂流、高山滑梯、赛车等娱乐项目。这些游乐活动具有很大的刺激性和吸引力，但是有一定的不安全性，其中不少项目很惊险。

对于惊险刺激的游乐项目，很多男孩具有一种矛盾心理：很想玩但是又害怕，不玩吧又不甘心。我们需要注意：参加任何体育活动都必须把人身安全放在第一位，做到量力而行，不勉强，不逞强，并且严格遵守游乐规则。

男孩在野外游玩，很多时候可能会遇到一些连自己和身边的朋友或家人都无法解决的难题。这时候就需要男孩及时对外求救。那么对求救信号的发送，你了解多少呢?

1. 国际通用的山中求救信号是哨声或光照，每分钟6响或闪照6次，间隔一分钟后，重复同样的信号。

2. 如果有火柴和木柴，则可以点起一堆火，烧旺后加些湿枝叶或青草，使之升起大量浓烟。

3．穿着颜色鲜艳的衣服，帽子也应选择鲜艳的。

4．用树枝、石块或衣服等物在空地上砌出SOS（国际莫尔斯电码救难信号）或其他求救字样，每字最少长6米。如在雪地上，则在雪上踩出这些字。

5．用颜色最鲜艳、宽大的衣服当旗子，不断挥动。

6．看见直升机到山上来援救而飞近时，引燃烟幕信号弹（如果有的话），或在附近生一把火，升起浓烟，让救援者知道风向，这样能帮助救援者准确地掌握停靠的位置。

男孩成长手册

在外游玩，男孩们欣赏山水美景的同时，还要注意安全，不要因为玩乐而受到伤害。以上方法一定要记牢，遇到危险的时候能够起到救助作用。

面对传染病和突发性疾病不慌乱

晚上的时候，齐强感觉头有点晕晕的，还有些发烧，第二天一起床，脸上身上长满了痘痘，奇痒无比。到学校医务室一检查，原来是长水痘了。

平时惜时如金的班主任这次对齐强格外慷慨："不用担心耽误学习，在家好好治疗休息，养好后再来。"

齐强的妈妈是医生，是个名副其实的"战痘专家"。回到家的齐强被妈妈当成了重病号，这不允许，那不允许，禁忌特别多。

即使是在屋里也要穿得严严实实的，不让他外出，不能开空调。最令齐强不理解的是：平时最爱干净的妈妈竟然不让自己洗澡。"你现在的水痘还没有结痂，最好不要洗澡，要是不小心弄破了，会复制更多的病毒，要是吹了风感冒了，引起其他并发症是很危险的。”妈妈解释说。

身上的水痘越来越痒，齐强总忍不住用手抓，妈妈看到了就批评他：“抓破了是很容易感染的。”

在饮食上，妈妈只给齐强做一些清淡的粥，蔬菜之类的。平时最爱吃的辣椒，鱼之类的美味是被严令禁止食用的。看着爸爸妈妈吃着美味的水煮鱼，自己只能喝稀粥，齐强抗议道：“你们总不能把我当兔子养吧，还把我的碗筷单独消毒，这分明就是嫌弃我嘛！”妈妈笑说：“吃的清淡些是为了你好。水痘的传染性很强，你总不想我和你爸爸跟你一块长水痘吧！”

在妈妈的悉心照料下，齐强的水痘开始结痂了，过不了多长时间就可以去上学了。

给男孩的悄悄话

生活中，难免会有一些传染病和突发性疾病。面对这些，男孩们不要慌，掌握一些基本的应对方法，有时候能起到大作用哦。

水痘是由水痘带状疱疹病毒初次感染引起的急性传染病。此病多发生在婴幼儿，青少年时期，传染性很强。尤其是人群密集的学校，更容易传染此病。

青少年在得水痘后，会很痒，这时候一定不要用手去抓，抓破了很容易感染，加重病情。注意良好的个人卫生习惯，勤剪指甲，勤洗手，勤换洗内衣裤。室内空气要流通，注意避风寒。在患水痘期间，尽量不要洗头，减少洗澡次数，注意休息。再就是要饮食合理，得水痘期间，饮食应以清淡为主。

肝炎是肝脏受到损害，出现肝功能异常的肝脏炎症性疾病的统称。甲型病毒性肝炎的传染主要通过粪—口途径。乙型肝炎的传染源主要是急、慢性病人和病毒携带者。对于肝炎病毒，我们应该在平时就做好积极的预防工作：

1．严格控制传染源。对急性肝炎病人应采取早期隔离措施。

2．想办法切断肝炎病毒的传播途径。

3．通过药物进行预防。

男孩子们喜欢在户外活动，但要谨防中暑。人体长时间在烈日下暴晒或处于高温潮湿的环境中，体内的热量散发不出去，就会引起机体调节和代谢机能的紊乱以及神经功能的损伤。这时人会有自感乏力，头昏眼花，出现大汗、口渴、心悸等不适症状，这就是中暑。中暑后不及时救治会有生命危险。中暑发生后的自救互救措施如下：

1. 夏季户外活动自身感到不适时，应尽快采取措施，终止活动，适当休息。不要因为其他原因而硬挺着，使不适加重。

2. 发现有人中暑应立即将病人抬到阴凉通风的地点，为其松开衣领、裤带，以便更好地通风降温。

3. 给中暑病人服淡盐水、十滴水、人丹等，并用清凉油、风油精涂抹太阳穴。

4. 对高温昏迷的病人可用冰块、冷毛巾敷在头部、腋窝、腹股沟等处，进行物理降温。

5. 重度中暑的病人应及时送医院抢救。

男孩成长手册

面对传染病和突发性疾病，男孩子们不要慌乱，更不能歧视患者，而应用理智的态度对待，掌握正确的应对措施，做保护自己和家人的小卫士。

提高安全意识

“当当当——”屋外有人敲门，但却不说话。

“是谁？”白书亮问了一句，当时屋里只有他一个人。外面的人没有回话。

那个神秘的人拧开了白书亮家的防盗门，直接敲他家的木门。糟了，妈妈出去的时候白书亮忘记了锁防盗门。

“哧哧哧——”这声音听起来这样刺耳。可是这个人到底是谁啊？

白书亮躲在屋里，有点害怕了，再次鼓起勇气大喊一声：“你到底是谁啊？”可奇怪的是外面的那个人仍然不说话。

让他在外面敲门吧，我不理他就是了。可是，如果他把我家的门撬开了怎么办？白书亮一个人在屋里，越想越害怕。情急之下，他马上拨通了妈妈的电话：“妈妈，防盗门没有锁，有个人在一直敲门不说话，我害怕……他在撬门。”

“书亮，你冷静一点，我就在楼下，马上回家。”

妈妈恰好在回家的路上，而且确切地说就在楼下，白书亮心里一下踏实了，跑到门口听听一会儿妈妈会和那个神秘的人说什么。

“请问您找谁？”白书亮听到了外面妈妈的声音。

那个人依旧不说话，不知在外面做什么，然后就走了。妈妈在外面喊：“书亮开门吧。”

“妈妈，刚才外面的那个人是什么人，吓死我了。”

“他是个聋哑人，而且看样子是从很贫瘠的地方来，只是想讨一点钱，没有别的恶意。”妈妈向白书亮说道，“不过，书亮你这样做是对的，对待陌生人一定要多几分防备才行。害人之心不可有，防人之心不可无啊。”

给男孩的悄悄话

正是因为一些男孩毫无自我保护意识才给不法分子提供了可乘之机，悲剧也由此展开。这样的事例不在少数，所以我们一定要时刻提高警惕，并增强观察、识别能力，不被坏人的甜言蜜语所迷惑，谨防上当受骗。

不光如此，我们还要学会在适当的时机与歹徒巧妙周旋、斗智斗勇，尽力保护自己，以增强感性认识和自我保护能力。如何帮助自己树立强烈的自我保护意识并尽可能地实行自我保护呢？不妨从以下几个方面做起：

1. 遇事要冷静，不要让所谓的哥们儿义气害了自己，也害了朋友。学会拒绝不正当要求，坚决不与坏人同流合污。

2. 不要随意泄露个人及家庭情况，以免被不法分子利用。

3. 独自在家时，不要给陌生人开门。如有人撬门爬窗，应立即大声呼救或电话报警。

4. 平时尽可能多地学一些法律知识，学会用法律武器保护自己的合法权利。

5. 遭到严重暴力侵害时如绑架、劫持、伤害等，一般不要与其硬拼，但更不要吓得不知所措，屈服于恶势力。这时要镇静、机智地与之周旋，以寻找机会脱身并报警。

男孩成长手册

生活有美好、阳光的一面，但也处处存在着危险。青春期男孩正处于成长时期，阅历相对简单，社会经验相对不足，鉴别是非的能力也较弱，所以更应该加强自我保护意识，从而将伤害降低到最小。

第六章 让梦想开花

——读书的意义

学习不是痛苦的事

好态度决定好结果

怎样提高学习效率

思考让学习其乐无穷

发掘无限的潜能

学习拓展生命的宽度

能力重要还是知识重要

学习不是痛苦的事

“柯南翻开那本古老的书，顺着第一个故事从头看下去，突然，他感觉到心里有个人在对自己说话，那是来自一千年前的工藤新一……”

刘强紧张地盯着电视屏幕里的卡通画面，他咬着嘴唇、双目圆睁的表情像被施了魔法似的凝固在脸上。姥姥用手指在他的头上狠狠弹了几下，让他看墙上的挂钟。

这一看，刘强的眉毛立时皱成了一个小老头儿，他像个小老头儿一样不紧不慢地穿鞋，然后打开家门一阵风似的朝学校飞奔，心却没有跟来，仍坐在电视机前继续回味。

下午的课，刘强没法专心起来。上学常常让他错过许多满心盼望的事，比如一集扣人心弦的《名侦探柯南》。如果不用上学该多好啊，就可以哪儿也不去慢悠悠地把它看完，刘强想。

给男孩的悄悄话

读书真的在妨碍我们找到快乐吗?

想想看，通常有哪些事会让我们感觉到快乐呢，是踢一个下午的足球吗?还是参加一次演出、看一场精彩的电影?当然了，这些都是愉快的消遣，能让我们彻底地放松。可读书却是那样的循规蹈矩，上课铃声、下课铃声一点也不能通融；作业、考试样样都得认真。怎一个“累”字了得。

真的是这样吗?

让我们设想一下，现在就甩开书包的束缚，去拥抱书本之外的快乐。如果一个苹果从树上掉下来，不是飞到天上去，而是砸到了你的头上，请不要问为什么；南方发生地震前几个小时，几千公里之外的地方就已经预测出了震级，请不要问为什么；飞机失事后，坠落在大海里的“黑匣子”帮我们揭开谜团，请不要问为什么；看到四季轮回、昼夜交替，请不要问为什么……

这样你会快乐吗？或许读书是占去了自由嬉戏的快乐，可它也给予了我们求知欲和成就感得以满足的快乐。

求知也是一种快乐。假如有这么多的为什么都得不到解答，日久天长，就好比你自己用黑布一点点蒙住眼睛，你能得到的快乐也就将越来越少。

怎么办呢？答案就在你读过和将要去读的书里，在一堂堂的物理、自然课上。

人类的视力水平在动物界并不出众，却早已看到了外星球的美丽。我们学到的知识，就是最好的望远镜和显微镜。

柯南能够将一个个悬疑的案情理出头绪，正是所学的知识帮了他的大忙。当然，我们可以在完成学校的学习之后，抽出时间再去柯南的世界里看看，跟着他一起探索，这样你是不是会得到更大的快乐呢？

读书永远不会成为你的负累，相反，它使你成为一个心明眼亮的人，使你越来越有智慧，智慧也会带给你快乐。

男孩成长手册

孙中山先生曾说，他一生的嗜好除了革命之外，就是喜好读书，要是一天不读书，就不能够生活。为买书他从不吝惜金钱，穷困潦倒时身边也总放着书，书是他终生的朋友。可以想象，读书一定是件能给他带来快乐的事，不然他怎么能坚持一辈子呢？带着发现的眼睛和快乐的心情去读书吧，读书原本就是一件快乐的事。

好态度决定好结果

王攀一直觉得自己是个笨学生，他的成绩平平，表现平平。上次参加一个智力测试的结果刚好印证他对自己的判断，他的智商处于中等偏下的那个群体。但是这个测试结果，是以不同以往的形式呈现给孩子们和家长们的。据说这是一个心理学教授的实验，具体的事情王攀也不清楚。

但是，王攀的妈妈被叫来了学校。同时来的，还有一些孩子的家长。教授和学校的校长给家长们开会，说他们的孩子都是测验出来智商很高的孩子，需要家长的配合才能挖掘他们的才能，把他们的智力水平发挥出来。这些家长们面面相觑，他们都是那种经常在家里数落孩子，骂孩子是个笨蛋的家长。

听教授这么一讲，自己心里都充满了悔恨，后悔自己曾粗暴地说孩子笨，看来是自己的评价耽误了孩子的智力发挥。

家长们回去了。王攀紧接着就发现妈妈好像变了一个人，突然对他的学习和生活表现出了极强的好奇心，还时不时地听到她和邻居聊天的时候夸奖自己进步的事情。以前总是跟邻居抱怨自己的笨儿子如何如何，现在突然变了。学校里，老师的态度也变了，经常关注他，问他问题，给他一些额外的帮助。学校里风传有一批智商很高的孩子就要出现了。

王攀也开始觉得自己没那么笨了，起码，他上课不睡觉，开始认真听讲，发现老师讲的东西自己都可以掌握，开始自己去主动学习，发现学习也没那么累。最惊奇的是，在学期末的考试里，自己前进了好多。

回去告诉妈妈的时候，她都乐开了花。王攀自己想想，智商好像也没什么变化，只不过以前总是被老师催着，被妈妈催着做作业，现在变成了自己主动写作业，主动看书，主动和同学们交流。然后他就进步了。

以后，妈妈再在人前夸奖他聪明的时候，他就分辩说："那是因为态度变了。"

给男孩的悄悄话

男孩们，你可曾注意到自己对待生活和学习的态度，你是否以一个认真积极的态度做着每一件事？其实，态度有着比能力更神奇的力量，这是经过科学和实践屡次印证了的真理。从这个意义上说，好态度也是一种本领。

美国哈佛大学罗伯特博士曾做过一次令人瞩目的印证"态度"神奇力量的实验。

他首先选定了三组学生和三只完全一样的老鼠。

他对第一组学生说："这是一只世上最聪明的老鼠，你们要在六周的时间内好好训练它，以便使其能在最短的时间里冲出迷宫。为奖赏它，你们要在终点多备些可口的乳酪。"

他对第二组学生说："这是一只很普通的老鼠，它智力平平，经过六周的训练它能否走出迷宫还是个未知数，你们不要抱太高的希望。终点上的乳酪随意你们给多少。"

他对第三组的学生说："这是一只反应迟钝的老鼠，经过六周的训练要使它走出迷宫简直比登天还难。因此，终点上你们没必要准备乳酪。"

经过六周的训练，最终的结果是：第一只老鼠迅速准确地冲出了迷宫。第二只老鼠虽也通过了迷宫，但时间用得多些。第三只老鼠并未到达终点。

最后，博士说出了谜底：实验用的老鼠同出一窝，没有智力上的高低之分。

同班的同学、同窝的老鼠，实验结果何以如此迥异？关键在于博士的引导使三组学生产生了截然不同的态度。这个实验告诉我们一个深刻的道理：以不同的态度面对相同的实验客体，出现完全不同的结果也是意料之中的事情。

我们每个人都面临着光怪陆离的大千世界和风雨起伏的坎坷人生，其实，大自然从本质上赋予每个人的最初能力是大同小异的。人与人之间存在的差异归根结底就是因为每个人人生态度、学习态度的差异性。

相比较而言，态度胜于能力。一个人的生活态度决定他的人生高度。

所以每一个青春期男孩都要以认真负责的人生态度走好每一步，只有这样才能拥有一个与众不同的人生。对待学习也是如此，即使你觉得自己智力平平，也没有优越的物质条件，你也完全没有必要自卑，因为一个好的学习态度会为你赢得更高的荣誉和更大的进步。对于那些认真生活和学习的人，无论是老师还是社会上的其他人士，都会另眼相看，这也将是你将来取得更好发展的资本。

男孩成长手册

客观条件和智商是成功的条件，那么态度就是使你更快迈向成功的助推器。很明显，客观条件和智商一旦成形，很难改变，而态度则不同，态度可以靠自己把握。能不能登上成功的山峰取决于你对待这座山峰的态度。记住，你的脚永远比山还要高。

怎样提高学习效率

如果在课堂上实行“打假”活动，一定会有很多收获。只要你留心仔细观察，就会发现每节课都会出现一些“身在课堂心在旁”的同学：有的人撑着下巴，眼皮竭力分开，可最后还是抵挡不了阵阵袭来的困意，终于进入了梦境，直到被同桌推醒；有的人一本正经地听课，不时地看一下老师，不时地瞄一下课本，原来，这本包了封皮的课本其实是一本小说；还有的人眼睛瞪得圆圆的，耳朵也竖起来，仿佛一副专心听讲的样子，但其实他的心早就飞到球场上去了，只要一提问，准保是什么都不知道。

卢培一下课就冲到许建的课桌前着急地喊："许建，许建！快把你上课笔记借我抄抄！我上课又走神了！" 卢培一边急急忙忙地抄着笔记一边沮丧无比地自言自语："许建！你看怎么办才好啊。我怎么这么多内容没听到啊？这抄了也没用啊，你还是给我讲讲好不？" 说到这儿，他停下笔，抬起头，露出一副十分可怜的样子。

"卢培，你怎么回事啊？最近上课怎么总是走神啊？你这样下去可怎么办？"许建一边替卢培暗暗焦急，一边责怪他上课不用心。

"我也不知道怎么回事。"卢培又继续埋头苦抄，"许建，你说是不是人大了心也大了，所以精神就不容易集中了啊？"

"你都想些什么啊？"许建疑惑地看着卢培。

"我也不知道自己想些什么，就是无缘无故地听着听着，老师的声音就像催眠曲一样，和我的耳朵就共鸣了，然后我就不知不觉走神了。"卢培不无委屈地说道。

"其实我有时候也走神，但像你这样一走神就连笔记都抄漏了的情况还是和在冬天看见荷花开一样，是十分罕见的。"许建说道。

"许建，你就别嘲笑我了，我难过着呢。可能越是这样，我就越着急，越着急，结果就越走神。许建，你说我是不是老了啊？"卢培认真地问道。

"哈哈，你胡说什么啊！还没到20呢，老什么老！"许建半开玩笑地说，还顺便用手拍拍他的肩膀，"我们正是花儿一样的季节，呵呵。抄完了没？抄完了我们快看看吧。待会儿又要上别的课了！"

"好好好！快讲快讲……"卢培的表情终于是雨过天晴了。

许建一边讲，一边注视着时而皱眉，时而微笑的卢培，心里在想：我一定要帮助卢培分析分析他走神的原因，然后找到解决上课走神的办法。许建决定回家问问爸爸。

给男孩的悄悄话

男孩们，你可曾注意过，课堂上情景不同，课下同样丰富多彩：有人拼命学习，抓紧每分每秒，可不管是平时的练习还是大小考试，这些貌似认真学习的人都无法取得好成绩；而有的人课下轻轻松松，却毫不费力地取得好成绩，他们的区别就在于课堂上的不同。

事实证明，课上开小差，或不懂得如何运用课堂时间学习的人即使课下付出再多，成绩仍然比不上那些课堂上认真听讲的人。

因为，课堂是知识最集中的场所，每一节课都是经过老师精心准备的，都是精华。如果课堂上你不认真听讲，那就意味着你错过了知识的最精华部分。而课堂也是一个解决问题的场所，在课堂上不通过提问解决，那么问题很可能就一直搁置，最后也得不到解决。

所以，要想取得好成绩，充分利用课堂时间就显得十分重要了，那么该如何做呢？你们不妨从以下几个方面着手：

课前准备。课前准备一定要做好，比如课前预习和文具的准备等。课前预习，能够保证对知识脉络的掌握，这样就可以轻松地跟着老师的思维走，另外，预习中产生的疑问会迫使你更加专心听讲，最终使问题得到解决。而文具的准备是为了避免上课分心，以便提高听课效率；专心听讲，听老师讲课、听同学发言，并积极思考，这样可以使自己一直集中注意力。

要善于观察并发现问题，这样有助于集中注意力。大胆提问，增加课堂上的互动，促使自己加深对知识的理解和掌握，其实这也是提高听课效率的一种有效途径；认真做课堂上老师布置的习题，以检测自己对知识的掌握程度；善于记课堂笔记。但不能因为要记笔记，就错过了老师的讲解，这样得不偿失，记笔记要记书本上没有的，可以趁老师板书的时候记，听始终是关键！

下面是几种克服“走神”的办法，选择对你有用的办法彻底克服“走神”。

1．自我提示法

写几张小卡片，在上面写上“专心听讲”“不要走神”“少壮不努力，老大徒伤悲”等这样的句子，然后把它们放到平时容易看见的地方，如铅笔盒里，写字台前的墙上，或者夹在课本里。这样，每当你想走神的时候，不管你是在听讲，还是在做作业或者复习，都能及时提醒自己：不要走神！

2．情景想象法

无论多爱走神的男孩，在考试的时候还是能够比平常更集中精力，认真作答，以求自己能获得一个好成绩。因此，每次做作业的时候都想象成自己是在参加一次很重要的考试，并要在规定的时间内完成，这样就可以使自己紧张起来，注意力自然就能够集中了。正如著名数学家杨乐所说："平时做作业像考试一样认真，考试就能像做作业一样轻松。"

3．记录法

给自己准备一个小本，用来记录走神的内容。比如，今天数学课中想昨天的足球比赛了，那就在本子上记录："数学课——足球赛——约一分半"。这样记录几次之后，你认真看一下自己的记录，就会发现自己的胡思乱想是多么无聊，浪费了多少宝贵的时光。渐渐地，你会对走神越来越厌恶，记录在本上的内容也会越来越少。相信不用多久，你的记录本上就会出现这样的话："我今天学习得一直很认真，没有走神。"这样，你就是一个专心听讲的好学生了。

4．自我奖惩法

每次写作业或者复习之前，给自己定个时间表。如果在规定时间内完成了学习任务，并且始终是专心致志的，那么就可以奖励一下自己：看会儿电视或是听会儿音乐；如果你因为走神而没有完成任务，就惩罚自己，如干家务或者跑楼梯。长此以往，你就会为了得到奖励、避免惩罚而逐渐养成集中注意力的好习惯了。

除此之外，在学习时尽量找安静的地方，使自己不受外界干扰。另外，还要注意劳逸结合，列宁曾说过："不会休息的人就不会工作。"

抓住上课的每一分钟，你将会成为一个高效率的学习者。

课堂学习占据着我们大部分的学习时间，这就更加要求每一个人都要善于抓住课堂上的每分每秒，专心听讲，这样才能确保高效学习，只有笨拙的人才会舍弃课堂，而费尽心力把时间花在课堂之外。

思考让学习其乐无穷

物理课，对于一些同学来说是枯燥而可怕的科目，而对于另一些同学来说却是趣味横生的课程，在这门课上，他们会体验到无穷的乐趣，赵向飞无疑就属于后者。他是个爱思考的孩子，因此一些看似平常的习题和教学内容，都能让赵向飞挖出新的东西来。物理课就像是一场寻宝活动，每次都带给他新的惊喜。

我们都习惯了按照老师讲的内容记下那些知识，然后照猫画虎地去做实验，并且理所当然地认为那就是正确的，就是自然而然的。也正因为如此，我们的学习很辛苦，也很无趣，不过是重复的机械记忆，没有什么乐趣和新鲜感可言。但是赵向飞就不这样，他每次学到新东西时都会问一个为什么，自己去思考这个结论得出的具体情境，有时候还自己制作小实验去验证或者推翻书上的结论。

一次实验课上，他得出的实验结果和书上的完全相反，于是，他就去找物理老师理论，物理老师也被他的探索精神打动了，两人一起做实验，反复实验，最后发现，书上的结论真是相反的。于是，在老师的帮助下，他还给出版社写信，要求更正错误呢，很快便收到出版社的回复，果然是印刷错了。为此，老师表扬他，还给他颁发了奖状。

就是因为思考，赵向飞才能不被课本上的知识所累，并且在挖掘知识来源的时候体验到了自己的主动性，开拓了思路。通过思考，他的学习之路趣味横生，他的物理课更像是自己的实验课。这样，他反而从来不做笔记，死记那些条条框框的知识点。

不仅是物理课，赵向飞在别的课上也注意思考问题，而不是单纯的去背诵，记忆知识。历史课上，他就经常提出自己的问题，有时候老师都会被问得哑口无言，但是，老师们都在课后表扬这个爱思考的男生，只有这样的学生，才不会觉得学习是负担。

给男孩的悄悄话

美国著名学者彭威廉说："真正的知识更多地来自思考，而不是书本，在学习的过程中应该用'脑'学习，而不是用'眼睛'学习。"用眼睛学习的知识在脑中依然是知识，知识是会过时的、被遗忘的。而用脑学习则通过思索将其化成了方法、智慧，并培养了自己的主见与独立思考能力，成了人生中的一部分，这是一个人真正的能力。

赵向飞成绩优异，可以说是因为其善于用脑思考，敢于创造性地学习。

善于用脑思考既是一种能力、品质，又是一种习惯。要具备这种能力，首先要养成良好的思维习惯，进行创造性的学习。而对知识保持旺盛的求知欲又是养成良好的思维习惯、进行创造性学习的前提，没有强烈的求知欲，你自然就不会去开动自己的大脑。同样是一本书、一节课，如果你对它感到厌烦或无所谓，你便会觉得自己的大脑是麻木的、烦躁的，这时就谈不上热情，更谈不上用大脑思考，创造性地学习了。反之，如果你能充分地激起自己的求知欲，觉得里面充满有趣的知识，觉得当你掌握了它们，会高兴、自豪，那你的大脑就会始终处于兴奋而活跃的状态，而不是人们常说的"木头疙瘩"了。

如果你有幸能走入著名的哈佛大学的课堂，就会看到这样一幅场景：有的学生不好端端地坐在椅子上，而是躺在地毯上，头枕书包，一边听课，一边喝着饮料，你千万别惊讶，因为其他的学生，甚至教授本人，都没觉得这有什么不妥。这种自由和个性，正是哈佛大学传统所提倡和维护的。

男孩成长手册

一个善于用脑思考的人，他的学习绝不会毫无目标、枯燥乏味，因为思考是为了以后更好地学习，为了在下一步学习时，能取得更大的进步。

发掘无限的潜能

杨波家住在偏僻的山村里，在几年的小学学习中，杨波的成绩都是一枝独秀的。暑假后杨波升入了市里的重点中学。

和新同学比起来，杨波觉得学习似乎有些吃力，一点都不敢懈怠。尤其是英语，杨波发现，自己和同学们的水平相差悬殊，以前对英语听力，读写不是特别重视，现在在英语听力，口语上，明显落后其他同学。要强的杨波很是着急。

杨波明白，虽然现在的成绩很差，但这只是一时的落后，只要刻苦，就一定能把英语成绩赶上来。

从那之后，杨波就给自己定下了目标：在一个学期之内，要成为班里英语成绩最好的学生之一。为了激励自己，他的桌子上，铅笔盒上到处都贴着小纸条：“英语，加油！”“坚持，你能行！”

意志坚定的杨波每天都与英语相伴：背诵单词、文章，听英语磁带，读《书虫》系列的书，写英语日记。他的学习渗透到生活的每一个角落，坐在公交车上他会认真地听英语报站，拆包装，会看英文说明，碰见讲外语的外国人会大方地聊天。

虽然异常努力，但是杨波并不是“死读书”。他知道，只有身体健康，精神愉悦才能更好地学习。所以他不会刻意熬夜，早起去攻克英语。他只是把时间充分地利用起来。他的生活依然有序，学习，锻炼，学校活动都没有耽误。

原本英语基础不是很好的杨波，经过一段时间的学习，觉得英语是那么的有意思，刚开始的时候是强迫自己学习，可是现在是真的喜欢上这门课程了。他对英语有了新的认识，开始更加疯狂地学习英语。

一个学期过去了，杨波不仅成了班里英语成绩最好的学生之一，还代表学校参加了市里举行的“中学生英语大赛”，在大赛中一举夺得金奖。他咨询老师，联系同学，在学校成立了英语角，现在他还担任学校英语广播电台的主持人。

杨波成了学校里的传奇人物，同时也激励大家：基础这么差的杨波都能成为“英语天才”，我们为什么不可以呢？

给男孩的悄悄话

苏联学者伊凡·业夫里莫夫指出：“一旦科学的发展能够更深入了解脑的构造和功能，人类将会为储存在脑内的巨大能力所震惊。人类平常只发挥了极小部分的大脑功能，如果人类能够发挥一半的大脑功能，将轻易地学会40种语言，背诵整本百科全书，拿12个博士学位。”这种描述并不夸张。

人类的大脑是世界上最复杂，也是效率最高的信息处理系统。别看它的重量只有1400克左右，其中却包含着100多亿个神经元，在这些神经元的周围还有1000多亿个胶质细胞。人脑的存储量大得惊人，在从出生到年老的漫长岁月中，我们的大脑足以记录每秒钟1000个信息单位。现代科学研究表明，像爱因斯坦那样伟大的科学家，只用了自己大脑的1/10的功能，绝大部分脑细胞仍处于待业状态。而最新的研究更进一步指出，以前人们对头脑的潜能估计太低，我们根本没有运用头脑能力的1/10，甚至连1/100也不到。

如何开发自己的潜能，青春期男孩须注意：

1．培养良好的心理品质。它对开发人的潜能作用重大。

2．提高身心健康水平。身心不健康，人的智力活动将受到压抑。

3．学会学习。科学学习、创新学习、全脑学习、全身心学习等能使人更有效地发挥出自己的潜能。

4. 在使用中开发潜能。笛卡儿说："评价一个人不应当根据他的才能，而应当根据他怎样善于发挥才能。"

5. 选准最易突破的一点。面对种类繁多的各种潜能，并不需要对每一种潜能都投入完全一样的时间成本、精力成本去开发，那不仅分散了有限的精力，也很不现实。我们在全面了解、重视整体潜能的同时，应根据自己的优势，集中力量，选准一种关键能力进行开发，取得突破，这样就能盘活整体潜能。

6. 承受适当的压力。人往往有惰性，只有在一定的压力下，才能最大限度地开发自身的潜能。压力是促使进步的最好动力。

7. 根据自身的天赋、资质等客观条件开发潜能。人人都有自己的优势才能，人人都有自己的最佳发展区。每个人一定要根据自身特点，设计出自己开发、利用潜能的蓝图。

男孩成长手册

潜能不管多么巨大，如果任凭它永远沉睡，不去唤醒它、点燃它、引爆它，就不会产生实际效用，没有半点价值。只有实现由潜能到显能的转化，变巨大潜能为巨大实力，才能够获得成功。

学习拓展生命的宽度

同学聚会上，两年不见的初中同学们多少都有了变化。袁博的变化不大，依然穿着校服，高高瘦瘦的，戴着黑框的眼镜，唯一的变化也就是初中深蓝色的校服变成了高中浅蓝色的校服。

同学们陆续地来了，最引人注意的是樊朝。当年在班里坐在前排的淘气鬼，总是在课堂上给老师起哄，或者搞恶作剧吓唬女同学，班上很多女生都很讨厌他。现在，他居然穿着西装，留着寸头，脖子上还戴着小拇指粗细的金链子，那条硕大的金色链子在整个包间里闪闪发光，大家都觉得刺眼。

“成功人士”自然少不了一番吹嘘，大家也都恭维了一番。樊朝在整个聚会期间滔滔不绝，讲了不上学之后这两年，跟着爸爸做生意，全国各地的出差，到了哪儿都是游山玩水，每天觥筹交错，灯红酒绿。一部分男生听了樊朝的话，不但用羡慕的眼神看着他，还央求他没事带着大家去那些娱乐场所玩玩。对于还是学生的他们来说，那些场所是非常烧钱的地方，他们的零用钱对于那里的收费来说不过是杯水车薪。

整个宴会期间，大家都觉得虽然没有继续上学但是现在开着蓝鸟的“坏小子”樊朝在现在看来，是班上最成功的人，他当然成了这次聚会的主角。而宴席结束的时候，他还大手一挥，付款结账了。大家都觉得他很慷慨。

而袁博一直不太说话，他没有觉得大家的那种附庸有错，但是他也不觉得这就是成功，现在看来樊朝的财富要比其他人多多了，社会经验也很丰富。但是小小年纪的他，过早接触了社会，也过早沾染了一些坏习惯。虽然现在自己还骑着单车，但是，袁博觉得自己在学校的收获是那些金钱买不来的。

袁博这么想着，他在学习上的成长除了知识的增长，更多的是思考问题角度的变化，心智的成熟。想了这些，他轻松愉快地回家去了。

给男孩的悄悄话

每个人对于生命都有自己不同的理解，在现在这个观念多元的社会，已经不是所有人都认为做官、创富是人生的唯一目标了。许多青春期男孩热衷于歌手许巍的歌，就是因为其中有一种“生命在路上”的感觉。是的，生命是一个过程，它的结果没有好坏高下之分，重要的是充分体验生命的所有悲喜，经历一点一滴的成长和成熟。

而心智的成熟，自我的成长，是需要学习来实现的。没有学习的精神，那么生命会陷入停滞的状态，生活在青春期的我们，如果体验不到生命如初生朝阳般冉冉升起，力量逐渐壮大的话，又怎么才能体验到内心的喜悦呢？

《礼记·大学》中有段话："苟日新，日日新，又日新。"老子在《道德经》中说："合抱之木，生于毫末。九层之台，起于累土。千里之行，始于足下。"这些古老的中国经典文化都说明一个道理：量变积累到一定程度就会发生质变。一个人，只要坚持每天进步一点点，终有到达成熟和飞跃的那一天。

学习正是进步过程中必须进行的一种活动，如同呼吸一样。呼吸让身体获得氧气和活力，学习则使精神更为充实和健全。

学习无止境。早在远古时代，这一思想就散发着耀眼的光芒。两千年前中国的孔子就提出并实践了"学而时习之，不亦乐乎"的信条。一千五百年前，伊斯兰教创始人穆罕默德也认为"人生应当自摇篮学习到墓穴"。

所以，为了生命的充实和喜悦，青少年们应要求自己每天进步一点点，让自己在漫长人生旅途中，每天都在为成长进步做着永不懈怠的努力！为此，要始终保持一份平静、从容的心态，步履稳健地走好人生的每一步，用"自胜者强"来勉励、监督和强迫自己，克服浮躁，战胜动摇。用严于律己的人生态度和自强不息、每天进步一点点的可贵精神，走一条不断进取的光明大道。

男孩成长手册

不要为自己设下一个成功的定义，只要有一种坚持"今天一定比昨天更好"的信念和勇气，并为之付诸行动，每天进步一点点，你就将具有无穷的动力。

能力重要还是知识重要

究竟是知识重要还是能力重要，嘉义自己在书桌前看着一篇报道发呆，思考着这个问题。他一直是个成绩很好的学生，但是除了成绩好，好像就没有别的什么特殊的爱好和特长了，也没有参加过什么创新小组之类的活动。

他在创新小组里总是觉得自己像个呆板的傻瓜，没有什么新的想法，所以很快就退出了。也没有什么文体特长的他，在班里被认为是好学生，但是现在学校强调素质教育，这让他很头疼。知识和成绩只是一个方面，而能力呢？

他反思着自己，我究竟有什么样的能力呀？好像找不到可以称之为能力的东西拿出来安慰自己。老爸经常说“学会数理化，走遍天下都不怕”。自己虽然现在数理化学得都很好，但是要走天下的话，心里还是充满了恐惧。因为学到的都是课本上的知识，自己从来没想过要把这些知识转化为能力。

既然知识没有转化成能力，那么看看自己的其他方面吧。与人沟通的能力呢？好像也不那么乐观。平日里是个沉默寡言的孩子，在学校里，同学们爱说爱闹的人那么多，自己就更不怎么表达自己。偶尔和大家聊天，才发现，更多的时候不过是个听众。而大家对自己的话好像也不那么感兴趣。

很多同学暑假的时候都去社会实践或者去兼职打工了，他们把赚来的钱捐给了希望工程，自己呢？每天在家里看书，但是，书里的知识就像是存在冰箱里的食物，好像从来都是冷冻状态。

思索半天，嘉义决定发展一下自己的能力，因为他得出的结论是能力比知识更重要。现在是信息时代了，只要打开网络，就能获得无尽的知识，但是能力只有自己慢慢积攒锻炼才能形成。没有能力，空有知识，只会变成高分低能的书呆子。下了这个定论之后，他开始制订自己的发展计划。

给男孩的悄悄话

学习的本质就是培养人的思考和创造能力，只有通过学习，掌握了这些能力，才能让我们的生活更加卓越。

有一天，一名大学教授到一个落后乡村游山玩水。他雇了一艘小船游江，当船开动后教授问船夫："你会数学吗？"

船夫回答："先生，我不会。"

教授又问船夫："你会物理吗？"

船夫回答："物理？我不会。"

教授又问船夫："那你会用计算机吗？"

船夫回答："对不起。我不会。"

教授听后摇摇头说道："你不会数学，人生已失去六分之二；不会物理，人生又失去六分之一；不会用计算机，人生又失去六分之一；你的人生总共失去六分之四……"

说到这儿，天空忽然飘来大片黑云，随后吹来强风，眼看暴风雨就要来到。

船夫问教授："先生，你会游泳吗？"

教授愣一愣答道："不会。没学过。"

船夫摇摇头说道："那你失去了全部人生。"

一个人拥有多少知识，并不能证明拥有多少能力，也就是说，知识与能力并不是成正比的。有渊博的知识固然是件好事。但人生首先最需要的并不是渊博的知识，而是生存的能力。 青少年朋友只有通过学习，掌握一种能力，并让这种能力适应千变万化的社会需求，才能更好地生存和发展。

有人说，真正的"铁饭碗"，不是在一个地方总有饭吃，而是走到哪里都有饭吃，也就是到哪里都有生存的能力。技能与技术是一种生存能力，只有掌握能力的人，才能更好地生存下去。

知其然，仅仅是一种状态，知其所以然，就是一种能力。学习成绩只是一种状态，思考与创新却是一种能力。我们学习的目的，正是为了获取这种能力。所以，孔子说：“学而不思则罔。”卢梭说：“读书不要贪多，而是要多加思索，这样的读书才能受益匪浅。”这些伟人的良言，就是要告诫青少年，要学以致用，不要用书本中的知识来替代自己的思考。只有积极地思考，才能触摸到知识的灵魂，才能将知识转化为生存的精彩，所谓“六经注我”，而不是“我注六经”。

“学习是学习，学习的学习也是学习，而且是更重要的学习”。青春期男孩尤其要注重“学习的学习”，从各个方面塑造培养自己的综合能力。

“尽信书不如无书”，书本中的理论只有与实践相结合，才能转化为生存的能力。做到这一点其实很简单，我们只要细心观察生活中的一些现象，并有意识地在自己的头脑中找出理论印证就可以了。比如说，老师在课堂上传授我们作文的方法和要点，读书的时候，就可以用这样的理论衡量一篇文章的结构，从中找出为什么好、为什么不好，这些共性的经验，从而反过来促进自己的作文水平，培养理论与实际相结合的能力。

学习归根结底的目的是为了应用，所以，我们要在日常的生活中，积累经验和知识，从“无字句处”读书，这也是我们打造生存能力的一个重要途径。

男孩成长手册

古人说：“授我以鱼，只供一饭之需；教我以渔，则终身受用无穷。”在学习中探索生存的技能，在生存中体会学习的真谛，才会越来越成熟。

第七章 快乐在前路等待

——让生活充满阳光

多读书，营造自己的精神家园

从音乐中找寻好心情

挥洒翰墨，写意人生

用画笔激扬青春

在茶香中沉淀浮躁的心性

多读书，营造自己的精神家园

阅读成了秦勇最喜欢的一件事情，这也是他最大的爱好。他喜欢独自一人坐在灯光下，闻着墨香，进入书的海洋，走进书中人物的内心世界，体会他们人生中的悲欢离合。

在《平凡的世界》中，秦勇看见了平凡人过着平凡而不平庸的生活，在他们身上闪烁着人性的光辉，他们那股自强不息的精神，在环境恶劣的情况下仍然对生活充满了希望，这让秦勇深受感动。在《简·爱》中，秦勇看到了一个敢于反抗，敢于争取自由和平等地位的妇女形象，文中主人公的一言一行让秦勇对她充满了敬佩之情。在《茶花女》中，他看见了女主人公在污秽的环境中，敢于追求纯朴、正直的爱情，始终保持独立的人格和尊严，对她的遭遇深表同情，唤起了他那颗怜悯之心。

在这一本本的著作中，经过那无数次的阅读，秦勇仿佛看到了世间无数的悲欢离合，看到了平凡人物身上闪烁着的高贵品质，从中懂得了什么才叫作真善美。

“阅读洗涤人的心灵，让人的精神家园更加富有。”这句话是秦勇写给自己的人生信条。

给男孩的悄悄话

法国著名作家雨果曾经说过“书籍是改造灵魂的工具。人类所需要的，是富有启发性的养料。而阅读，则正是这种养料。”我国近代著名作家余秋雨也这样说过："只有书籍，能把辽阔的时间浇灌给你，能把一切高贵生命早已飘散的信号传递给你，能把无数的智慧和美好对比着愚昧和丑陋一起呈现给你。区区五尺之躯，短短几十年光阴，居然能驰骋古今，经天纬地，这种奇迹的产生，至少有一半要归功于阅读。"这无疑突出了阅读的重要性。我们可以从书籍和社会实践中获取知识和智慧，但在书籍中只有通过阅读才能实现。

青少年通过阅读，可以对人生、社会、世界有更进一步的认识。通过阅读，我们可以与智人对话，通过阅读，可以启迪我们的智慧，在阅读中感受圣人伟大的人格和思想，让自己站在巨人的肩膀上，让自己的思想凌驾于伟人之上。

男孩成长手册

阅读可以开拓我们的视野，让思维更活跃。在阅读中能增加我们生命的宽度和厚度，弥补人生的长度。在阅读中，能建设我们美好的精神家园，让我们的精神世界比物质世界更加的富有。

从音乐中找寻好心情

音乐就像是心里流淌出的河流，伴随着耳机里那些流淌的音符，贾飞的坏心情也随着那流动的音乐河流流走，他开始沉浸在那些跳动的节奏中，虽然一直在操场的看台上坐着，但是刚刚因为考试失利的那些沮丧情绪仿佛都被有魔力的音乐驱赶走了。

听音乐是个调节心情的好方法。贾飞平时就喜欢听音乐，他觉得很多时候音乐能让他焦躁不安的心情平定下来，让他感受到平静的内心世界，不再为生活的困难而沮丧，重新集聚战胜挫折和困难的勇气。

没事的时候，就听音乐，这是贾飞的娱乐方式，也是他的生活态度。从流淌的音乐里寻找自己的内心，寻找在学习疲惫时候的放松，寻找在紧张不安时候的安慰，寻找在沮丧无奈时候的奋进精神。

不同的节奏能带给贾飞不一样的感受，不同的音乐在不同的情绪中播放，总能让他找到自己的好心情。他在音乐中寻找自己，寻找自己的好心情。

给男孩的悄悄话

如今越来越多的人喜欢听音乐，人们也常常出入各种演奏会，感受高雅的音乐听觉艺术。像古典音乐、民族音乐、网络流行歌曲、校园民谣等音乐，经常在我们耳边响起传唱。

青少年每天能接触到很多的新事物，喜欢追求时尚和赶潮流，对新鲜事物有着很强的接受力。对音乐的热切关注，更是青少年日常生活中不可缺少的一部分。

在音乐的世界中，我们可以释放我们压抑的情绪，获取身心上的娱乐，为我们的生活增加更多的乐趣。音乐还是一门直通心灵的艺术，风格迥异的曲风、情感真挚的歌词，饱含深情的演唱，常常能让我们与音乐产生共鸣，释放出我们自己的情感，让生命到达另一种境界。

男孩成长手册

音乐是我们日常生活中的调味剂，听音乐不仅是一种娱乐、一种享受，更是一种心灵上的洗涤。在音乐中培养真性情，感受生命的多姿多彩。

挥洒翰墨，写意人生

“爸妈，我的书法作品得奖了，还是一等奖呢！”蒋炳璇还没进家门，就在家门口大声地叫喊道。院子里的邻居听见后，朝他竖起了大拇指：“璇璇，真厉害，功夫不负有心人啊！”刚从学校接女儿回家的王阿姨听说后，忙对女儿说：“晓寒，我们要向哥哥学习，认真地练字，好不好啊？”晓寒急忙跑了过去，拽着他的裤子说：“哥哥，我要向你学习，也要得一个大奖。”院子里的邻居听见后，哈哈笑了起来。

蒋炳璇书法作品得奖的事，传遍了整个院子。院子里的叔叔阿姨、爷爷奶奶都称赞他，“蒋妈妈你真是教子有方啊！”“小小年纪就能写一手好字，不简单啊！”蒋妈妈听后，心里十分高兴，为儿子感到骄傲。

说起练习书法，蒋妈妈知道儿子付出了很多的心血。由于受到爸爸爱好书法的影响，蒋炳璇从小就喜欢练习书法。看了爸爸那苍劲有力，遒美健秀的毛笔字后，他决心要向爸爸学习，练习书法。在爸爸的指导下，他从如何拿笔开始学起，一横一竖都要认真地反复练习。刚开始，他按照爸爸的要求练习最简单的笔画。两三个月过去了，他十分不理解为什么爸爸还是要求他练习横竖这样简单的笔画，他完全可以练习其他的笔画了，他决定要跟爸爸好好谈谈。晚上他走到爸爸的书房，看见爸爸正在认真练习，走近一看爸爸也在练习简单的笔画，这更让他好奇了。爸爸练习了十多年的书法，许多的书法作品还参赛得奖了，为什么还要练习这样简单的笔画呢？

爸爸抬起头看着他，笑了笑说道：“练习好一横一竖，是我们练习好书法的基础。如果连这样的基础都不具备，又怎能写好毛笔字呢？练习书法，要有一颗持之以恒的决心，没有这样的恒心，不经过长年累月的练习，是不会进步的。练习书法，不仅仅是为了写一手漂亮的毛笔字，更是对我们意志与品质的培养。字如其人，欣赏一幅画往往能从中看出这位作者的性格品质。爸爸希望你能坚持努力，终有一天会有所收获的。”蒋炳璇听后，羞愧地低下了头。

回到房间后，他拿起了毛笔继续开始一横一竖简单笔画的练习。

给男孩的悄悄话

书法是我国特有的、形体丰富的传统造型艺术，已有3000多年的发展历史。中国书法一般使用圆锥形的软笔来书写汉字，并要求达到精、神、美的艺术效果。书法主要有行书、楷书、隶书、篆书、草书、魏碑等体。书法最早是指写字记事的技艺，随着书体渐多、技法逐精，书写内容成为表现书者的内在精神因素，以致发展成为一门独特的艺术，形成一整套完整的技法。唐代书法家张怀瓘在《文字论》一文中指出：“深识书者，唯观神采，不见字形。文则数言乃成其意书而一字已见其心。”

青春期男孩学习书法，益处颇多：

1. 毛笔字的进步会带动钢笔字等进步。
2. 学好书法有利于眼睛、脊椎骨的健康，有益于长寿。
3. 有利于培养和形成良好的习惯与意志、品质。
4. 有利于综合素质的提高。

只要有坚持的精神，每一个青少年都可能成为书法家。青春期男孩怎样才能学好书法呢?

1. 要激发兴趣，才会积极学习。
2. 根据自身的个性、爱好，选择最喜欢的字体入门。
3. 认真读名家字帖，练眼练心，做到胸有成帖，脑有成字。
4. 练手，即练指力、练腕力、练手感，要让笔成为手的延伸。
5. 要心平气静，善始善终，不可心浮气躁。
6. 要有恒心、有毅力，不可轻易变换字体。

7. 要学用结合，练写合一。

男孩成长手册

书法是一种构成艺术，它是依靠毛笔运动的灵活多变和水墨的丰富性，在纸面上形成有意味的黑白构成。书法能够通过作品把个人的生活感受、学识、修养、个性等悄悄地折射出来，所以，通常有“字如其人”“书为心画”的说法。男孩子可以从小练习书法，通过书法来写意人生。

用画笔激扬青春

像其他的孩子一样，高二学生张海涛在周末的时候常去一个绘画工作室，在那跟老师学习画画。对他来说，画画对他有着特殊的意义。

小时候，张海涛患有较为严重的自闭症，无论是在家还是在学校，他都不愿与人交流，常常独自一人发呆，从不开口与人交谈。爸妈十分焦急，想尽了各种办法，仍然不见好转。有一天，他们发现六岁的小海涛拿起了笔在一张白纸上，来来回回地画着，虽然画的内容比较简单，只是一棵小树苗，但这让爸妈无比高兴，因为儿子通过手中的笔来表达自己的情感了。从那以后，爸妈十分关注他的一举一动，虽然儿子不开口说话，但外出时儿子看着某一景物出奇的认真仔细，回到家后他把自己关在房间里，根据自己的回忆加上自己的想象把景物画下来。爸妈知道画画成了儿子自己与自己，与他们之间的一种沟通方式。爸妈看着小海涛的画，亲切地问道：“海涛，你画的是我们院子里的那棵树吗？”“海涛，这张纸上你画的是中心公园里的那座凉亭吗？”刚开始，小海涛只是用点头或摇头的方式来回答爸妈的问题。这对爸妈来说是一个极大的安慰，儿子现在的举动终于与他们有互动了。

慢慢地，奇迹发生了，小海涛终于开口用简单的语言回答爸妈的问题了。尽管只是“是”或“不是”这样的回答，但即使这样爸妈也高兴极了。爸妈根据海涛喜欢画画这一兴趣，坚持不懈地尝试着与儿子进行沟通。经过一番努力，海涛的自闭症得到了缓解，慢慢地喜欢开口说话了，喜欢与人沟通交流了。

现如今，已是高中生的海涛选择了学习美术。选择之初他对爸妈说：“爸妈，我喜欢画画，我会认真学习画画，争取考上美术院校，实现我想当画家的梦想。”爸爸听后高兴地说：“画画对我们一家三口有着特殊的意义，爸爸和妈妈永远支持你的选择，认真地学习画画，实现自己的梦想。”

有了爸妈的支持后，海涛更是信心十足。周末不是外出写生，就是来到画室跟着老师学习，他从来不觉得辛苦。

给男孩的悄悄话

很多男孩都热爱绘画。小时候，照着课本，男孩子画一个武士、一把宝剑，任梦想在心底飞翔。长大了，背上画夹，在青山绿水中徜徉、将一刹那的惊艳永恒地铭记在画纸上，是何等的满足、惬意！

《三味书屋》中少年鲁迅曾用“荆川纸”蒙在小说的绣像上，将人物一个个描下来。他在回忆时风趣地说：“书没有读成，画的成绩却不少了，最成片断的是《荡寇志》和《西游记》的绣像，都有一大本。后来，因为要钱用，卖给一个有钱的同窗了。”从中可见画画的无穷乐趣。

画画是指用笔、刀、钢针、墨汁、颜料等工具材料，通过构图、造型和设色等艺术手段，创造出可视的形象。由于所使用的材料、技术的不同，可分为水墨画、帛画、壁画、油画、水彩画、水粉画、版画、粉画和素描等。因题材内容的不同，可分为人物画(肖像画、历史画、风俗画、仕女画、宗教画等)、风景画、静物画和动作画等。因画面形式的不同可分为单幅画、组画和连环画等。由于表现方法的不同，还有具象绘画、抽象绘画和装饰性绘画等。

喜欢画画的人，性格大多乐观、豁达，遇事谨慎有分寸，感情细腻而浪漫。

青少年学画画，可以从素描和色彩开始。由木炭、铅笔、钢笔等，以线条来画出物象明暗的单色画，称为素描。通常讲的素描多元化指铅笔画和炭笔画。素描是一切绘画的基础。

初学素描常从铅笔开始，主要原因是铅笔在用线造型中可以十分精确而肯定，能较随意地修改，又能较为深入细致地刻画细部，有利于严谨的形体要求和深入反复地研究。同时铅笔的种类较多，有硬有软，有深有浅，可以画出较多的调子。铅笔的色泽又便于表现调子中的许多银灰色层次，对于石膏等基础训练作业效果较好，初学者比较容易把握。

有一定素描基础之后可以开始色彩练习。拿水粉来说，水粉易改、易画，表现技法相对比较少。水粉练习初期可以做一张色表。自学画的过程中可以从临摹、写生的学习方法来练习。

要有“多画、多看、多想”的习惯。画一张画的过程要遵循“理性—感性—理性”“整体—局部—整体”的思维观察方法。

至于画的表达技法太多，需自己在练习中琢磨。

男孩成长手册

画画的作用包括培养美感、促进认知、发展智力、提高手眼脑的协调性和手的灵活性、促进创造性的艺术想象力和表现力，等等。另外，画画能锻炼身心、开发大脑思维的想象空间。青春期的男孩可以多练习画画，这是陶冶情操的一个好途径。

在茶香中沉淀浮躁的心性

“对不起对不起，我不是故意的。”踩了人的男生讪讪地道歉。“没事儿。”苏青爽朗地笑笑。“苏青您没事儿吧？这几个月不见还真得刮目相看啦？”苏青的好哥们儿吕梁惊叫着。他的反应也不为过，换做是几个月以前的苏青，遇到一群男生疯闹踩了他的脚丫子那肯定就得骂人，说不定还得动手。但是今天苏青似乎异常得淡定。这其中的玄机自然只有苏青自己最清楚。

苏青一直以来都是个急性子，又有点儿斤斤计较，所以给人留下的印象通常都较为嚣张跋扈。他自己一直觉得没什么，家里人也觉得这就是个人脾气秉性的问题也无可厚非，朋友们相处得久了也就都习惯并接受了这样的他。

但是教师岗位上退休下来的爷爷不这么看，他始终觉得男孩子就应该磊落洒脱，拿得起放得下。家里人都觉得爷爷的说法有理但实施起来很难，毕竟冰冻三尺非一日之寒。苏青的脾气都已经成形了还能怎么做去改变呢？

要说这姜还是老的辣，爷爷找苏青很认真地谈了一次话，之后爷爷用了几个月的时间就让他有了很大的改观。爷爷的秘籍就是让苏青和他学茶艺。在学习茶艺之前爷爷和苏青说学习茶艺可以让人修身养性，他一点儿也不相信爷爷的话。但是随着学习的一步步推进，苏青发现自己的心境和以前真的有很大的不同。慢慢地，他不仅学会了如何识别各种茶叶、泡茶的全部细节步骤、茶道中的礼节。更重要的是他发现自己正在慢慢地淡泊、宁静。现在的苏青，可以耐心地从净手到敬茶都一丝不乱完成，可以静下心来看厚厚的古籍资料，可以像涉世多年的老者一样得之坦然失之泰然地生活。虽然偶尔还是会计较一些小事，但比起以前也是有很大不同的。

所以当一群嬉笑的男生中有人踩到他时，他没有像以往那样骂粗口挥拳头而是选择了宽容谦让。所以说学习茶艺不仅仅可以识茗品茗，更能修身养性，让人渐渐地静下心来过自己的生活。

给男孩的悄悄话

青春期的男孩难免性格急躁，可以尝试接触茶道，在清幽的茶香中荡涤心灵，使灵魂沉静。

茶艺，也称茶道，是指茶叶的生产、制作及品茗的技艺。茶文化是中国文化的一个重要组成部分。

饮茶在我国有着悠久的历史，早在西汉时期人们就开始饮茶了。到唐宋年间，饮茶广为盛行。唐代陆羽所著的《茶经》一书，是世界上最早最完备的茶学专著。由于该书的传播，与茶相关的茶道也开始形成并流行开来。《梦粱录》中记载“盖人家每日不可缺者，柴、米、油、盐、酱、醋、茶”，可见茶成了人们每日必备之生活用品。

茶如人生。现代作家周作人曾说：“喝茶当于瓦屋纸窗下，清泉绿茶，用素雅的陶瓷茶具，同二三人共饮，得半日之闲，可抵十年的尘梦。”诗人余光中写道：雨敲在粼粼千瓣的瓦上，这时候鼓舞、吟诗、下棋、品茗，是一种安慰。青春期男孩要提高生活品位，安抚情绪，可以学习茶艺。沏茶、赏茶、饮茶，这种以茶为媒的生活礼仪，本身就是修身养性的锻炼方式，朋友之间还可以借此增进友谊。

男孩成长手册

清郑板桥诗曰：“从来名士能评水，自古高僧爱斗茶。”除了解渴、健身，茶更能令原本烦躁的青春期男孩们变得沉静、从容，让男孩们在喧嚣浮躁的生活中找到一方属于心灵的净土和乐园。

第八章 打造个人风度

——玉树临风气自华

美好的品德是衬托形象的绿叶

用笑容为形象加分

养成讲卫生的好习惯

用适宜的服饰提升气质

注意生活小节

美好的品德是衬托形象的绿叶

秦健同学在学校非常受欢迎，因为他成绩好，又热衷参加学校组织的各项活动，更因为他很注重自己的形象。虽然大家都穿校服，但是他的校服总是能保持清洁，发型也清爽，白衬衫，深蓝色的中山制式校服，很容易让人联想到偶像剧里充满阳光味道的男主角。

然而秦健并不是那种清高孤傲的男生，他热心帮助遇到困难的同学。一次下雨的时候，他看见有个同学不小心滑倒在泥地上，便立马跑到雨中去扶那个同学起来，虽然他的衣服上也染了污渍，但是那个时候，他的样子更容易让人想到清爽的阳光。

秦健因为其美好的形象而代表学校参加了中学生代表大会，出席会议的时候给人留下深刻印象的不仅是他的朝气蓬勃的形象，更让人觉得印象深刻的是他的彬彬有礼、谦虚谨慎、守时观念和美好德行。

秦健之所以这么与众不同，就是因为他能够保持自己的独特个性，既能注意形象和服饰打扮，也能展现自己的美好品行。如果他是个非常不注意个人形象的人，或许也没有那么多人都给予他如此高的评价了。但是，如果单纯的外表美，恐怕也不会得到这么多赞扬，毕竟人们虽喜欢美好形象，但更喜欢中学生美好的品德。

给男孩的悄悄话

一般而言，个人形象是通过以下几个因素展现的：个人的外在表现、个人的实质性内涵和人格的可信度。如果以100分作为个人形象满分的话，那上述3个方面将各占三分之一。但是如果这3项中有一项特别薄弱的话，那其他方面的分数也会受影响。

眼光敏锐的人能够从路过身边的人中指出哪些是成功者。因为成功者走路的姿势、一举一动都会流露出十分自信的样子。从他的气度上，就可以看出他是一个自立自主、有自信和决心完成任何工作的人。一个人的自主、自信和决心是他万无一失的成功资本。同样，眼光敏锐的人也能随时随地看出谁是失败者。从走路的姿势和气质上，可以看出他缺乏自信心和决断力；从他的衣着和气势上可以看出他不学无术；而且他的一举一动也显露出他怯懦怕事、拖拖拉拉的性格。

杰出人士大都有着一套属于自己的展现个人形象的方法，男孩们可以进行模仿，打造属于自己的美好形象：

1．仪表整洁，衣着得体

现代社会中，杰出人士坚持这样一个人际吸引的原则：一个人风度翩翩、俊逸潇洒，能产生使人乐于交往的魅力。

2．精神饱满，神情自然

他们在社会交往中始终保持旺盛的精力、饱满的热情、大方自然的神情。与人交往，神采奕奕，精力充沛，显得富有自信，这样就能激发对方的交往热情，活跃交往气氛。

3．谈吐幽默，言语高雅

谈吐能直接反映出一个人是博学多识还是孤陋寡闻，是接受过良好教育还是浅薄无知。作家于伶回忆与鲁迅先生谈话时说：“鲁迅先生谈吐深刻、严密、有力而又生动活泼，句句吸住我们。渐渐谈下去，越来越强烈地发射出真挚的热情，又有一种严峻的强大的威力，从瘦削的脸上透射出来。”谈吐幽默，言语高雅能使人听得入迷，产生“听君一席话，胜读十年书”之感。

4．举止大方

杰出人士大都具备朴素大方、温文尔雅的行为习惯，举止稳重，文明得体，坐、立、行的姿态正确雅观，能表现出自己良好的教养，给人留下成熟可信赖之感。

男孩成长手册

青春期正是男孩注重个人形象的时期。值得注意的是，要展现自己的美好形象，仅仅靠外表是不够的，必须要内外兼修，通过内涵和品德将个人形象衬托得更加美好。

用笑容为形象加分

程文今年终于被评为“三好学生”了。站在领奖台上，回想起这一年多的改变，程文眼里泛起了点点泪光。

程文成绩优异，从小到大不知道获得过多少奖项，“数学竞赛一等奖”“英语演讲比赛金奖”“书法比赛优胜奖”等。但是在程文的心目中，没有哪个奖项的分量比得上“三好学生”奖。

程文出生在一个富裕的家庭，爸爸是当地一家大公司的总裁，妈妈是一名医生，在医院也颇有名气。程文从小就很聪明，爸爸妈妈也努力为他提供好的学习条件。在学习上，程文认真，努力，善于思考，从小学到现在的高中，他的成绩在班级里一直都是最优异的，在学习上几乎没有什么可以难得住他。

爸爸妈妈以程文为傲，在学校老师也欣赏他的才情，经常给他特别辅导。

但是在同学们的眼中，程文高傲，冷漠，性格孤僻，不好接触。程文不爱和大家玩乐，也不和大家讨论问题，觉得这样的聊天无聊，浪费时间。有时候和同学见面招呼都不打。所以很多同学都不喜欢他。

每年的“三好学生”都是通过同学们投票评选出来的，而程文每年都落榜。为此，程文很苦恼，不知道自己究竟错在哪儿，难道自己努力学习有错吗？他把自己的烦恼都说给教书十几年的爷爷听。爷爷告诉他：“同学们不喜欢你并不是因为你学习有多努力，成绩有多好，而是因为你对人太冷漠了，对人不友好，那样的话别人怎么会喜欢你呢？孩子，记住，要学会微笑。”爷爷抚摸着程文的头慈爱地说。

从那以后，程文意识到了自己的错误，逐渐改变自己的言行。和同学见面会微笑着打招呼；参与同学间的话题讨论；帮助在学习上有需要的同学。大家都很欣喜这位“学习天才”的改变，慢慢开始接受他，而程文也在和同学交往的过程中发现了同学的可爱真诚，体验到了交流的快乐。

终于，这次评“三好学生”，程文全票通过。他想：从此以后自己更加注意自己的言行，善待他人，微笑着学习，微笑着生活。

给男孩的悄悄话

微笑无声，却传达着“我喜欢你”“我表示欣赏、赞同”“你很受欢迎”等丰富的含义。微笑，是为人处世中最有价值、最富有吸引力的面部表情。

有人把微笑称为一种有效的“交际世界语”，这是十分恰当的。正如罗杰·E.艾克斯泰尔所指出的：“有一个世界通用的动作，一种表示，一种交流形式，它存在于所有的文化与国家中，人们不分国别、不分种族地使用它，并理解它的含义。它可以帮助你与各种关系的人交往，不论是业务伙伴，还是朋友，它是人们交流中唯一最有用的形式。那就是微笑。”

与人初次见面，面露微笑，就好像具有一种磁力，使人顿生好感；见到老朋友，点头微笑，打个招呼，会使人感到你不忘旧情，是个重礼仪的人；服务人员自然地面露微笑，则会给人一种宾至如归的感觉。一家百货公司的经理曾说过，在录用女店员时，小学未毕业却能经常微笑的女性，比大学毕业而满脸冰霜的女性机会大得多。

青春期男孩在微笑时，要发自内心、发自肺腑，不要做作、虚伪地微笑。只有笑得真诚，才显得亲切自然，与你交往的人才能感到轻松愉快。

微笑的基本做法是不发声、不露齿，肌肉放松，嘴角两端向上略微提起，面含笑意，使人如沐春风。

微笑可进行技术性训练。因为人们微笑时，口角两端向上翘起。练习时，为使双颊肌肉向上抬，口里可念着普通话的“一”字音。同时还得训练眼睛的“笑容”。取厚纸一张，遮住眼睛下边部位，对着镜子，回忆过去的美好生活，使笑肌提升收缩，嘴巴两端做出微笑的口型，随后放松面部肌肉，眼睛随之恢复原形。你还可以在多位朋友面前讲一段话，讲话时注意自己的笑容，并请朋友给予评议帮助矫正。

男孩成长手册

生活中，微笑能给对方良好的第一印象；微笑可以表示对他人的尊重和友好；微笑能打破僵局，解除人的心理戒备；微笑能表示对他人赞许、理解、谅解等态度。青春期的男孩千万不要不苟言笑，平时多微笑，才能更具个人魅力。

养成讲卫生的好习惯

自从升入高中，在学校住宿之后，张坤就一直觉得很苦恼。原因是他们宿舍有一个叫李明的同学十分不注意个人卫生。他常常一个星期不洗澡，换下来的脏衣服也全堆在床上。一进宿舍就能闻到他“制造”出来的臭烘烘的味道，张坤甚至都不愿意在宿舍多待。

张坤的妈妈是医院护士，很早就注意培养他良好的卫生习惯。在家里，自己的东西都分门别类的放好。不论到哪里张坤都穿戴齐整，他觉得干净整齐是待人的基本礼貌。

可是没有想到，上高中后遇到这么一位邋遢室友。自己的被褥不叠，衣服穿脏了也不洗，一个学期都没见他洗过衣服。最令人不能忍受的是，身为篮球队长的李明能几周不洗澡，换下的球衣散发着馊味，就这么随便扔在别人的床上。李明的这些行为已经超出了张坤忍耐脏乱能力的底线。再一次看到扔在自己床上的脏袜子后，张坤爆发了。

“你换下的袜子就不能马上洗了吗？就算不洗也别到处乱扔，你不觉得脏，大家可都受不了！”张坤生气地喊道。李明也不服气：“至于吗，不就是在你床上放一下吗？你要是不乐意放地上好了。”“你吃过饭，饭盒都不刷就继续泡面，睡前不洗脚，不刷牙，脏衣服随便丢，把宿舍搞得又脏又乱！就因为你，我们宿舍没得过一次流动红旗！”张坤把对李明的不满一股脑倒出来。“我乐意，管得着吗你？”李明生气地摔门走了。

张坤也很生气，他不明白自己的室友怎么会这么不讲卫生，他难道不知道自己的邋遢不仅给别人带来麻烦，同时也不利于自己的健康吗？张坤反思了一下，觉得自己的态度也不对。他决定想办法帮助李明。

首先，张坤联合宿舍里其他四个人，到图书馆查资料，他还专门咨询了妈妈，收集了大量关于不讲卫生的害处的材料，把这些材料整理好打印出来。然后利用李明在操场打球的时间把李明乱扔的衣服，书籍都收拾整理好，甚至把李明换下的球衣给洗了。

等李明回来后，看到自己整齐的被褥、干净的衣服，既感动又尴尬。

“我们大家是一个集体，以后有什么需要帮助的我们可以帮你。”“如果收拾干净整齐了，大家在这样的环境里生活不是更舒心吗？”“而且卫生习惯不好对身体是很有害的，你看这是我们为你找的材料。”大家七嘴八舌地说道。李明涨红了脸，不好意思地说：“对不起，这些我都能做。谢谢大家了，以后看我的行动吧！”

给男孩的悄悄话

生活卫生的范围极为广泛，包括衣、食、住、行和身体各部位的卫生，青春期男孩在生活中应严格按照卫生的要求去做。

养成讲卫生的习惯，应注意以下几个方面：

1. 坚持每天早晚洗脸，洗去附在面部的污垢、汗渍等不洁之物，洗脸时，应注意清洗耳朵和脖子。夏季要及时擦去脸上的汗，不要让其淌在脸上，擦汗时要用纸巾或手帕，不可用衣袖代之。

2．要做到勤洗澡、勤换内衣，身上不留异味。男孩胡须要剃净，鼻毛要剪短；在他人面前不应有揪胡须、拔鼻毛、挖鼻孔、掏耳朵等动作。

3．保持口腔清洁。首先要坚持每日早晚刷牙，清除口腔细菌、饭渣，防止牙石沉积。刷牙时间不宜太短，至少应在3分钟以上。另外，不吸烟，不喝浓茶，以防牙齿变黑变黄。如有口臭，应及早医治。如果知道自己要乘飞机、火车或与人近距离交谈，最好不要吃葱蒜等有强烈刺激性气味的食物，以免影响到别人。

4．打喷嚏、擤鼻涕、咳嗽、打哈欠时，不要直直地朝着别人的脸。必要的时候，要赶紧把头歪向一边。突然要打喷嚏了，赶快掏出纸巾或手帕把鼻子盖住，同时尽量地压小声音。咳嗽时也是如此，来不及拿纸巾或手帕，也得用手赶快遮住嘴。

5．应该随时清洗自己的手，注意修剪指甲。

6．少抠鼻，少挖耳，少揉眼。

男孩成长手册

生活不卫生，不仅容易引发多种疾病，人们还会通过这些不卫生的小举动，认识到你的修养和素质，从而对你产生不良印象。青春期的男孩正处于生长发育阶段，更加要注意个人卫生。

用适宜的服饰提升气质

吴毅是个爱美的男生，他希望自己能够打扮得帅气出众。看着电视里明星们穿着破洞的牛仔裤，还有那些露着肚脐的上衣，他觉得那就是时尚。于是，他把妈妈为他新买的牛仔裤剪了几个洞，还专门磨出了毛边，用自己的零用钱买了件非常时尚和前卫的T恤，这样子看起来或许是更加好看了。

走在大街上，他看到大家频频侧目，但是眼神里根本不是他所期待的惊讶他帅气的感觉，而是一种带有厌恶的眼神。他非常不明白到底是怎么回事，就到商场里的试衣镜前去照镜子，这一看他才明白，这样的装扮就像是街上的小混混，怪不得大家都一副讨厌的神情。

他脱掉了自己所谓的时尚服装，重新穿回了运动装，把耳朵上那些金属耳钉也收了起来，头发也理短了。这样再站在镜子前，终于看到了朝气蓬勃的自己。现在他的心里舒服多了，原来穿衣打扮一定要适合自己的身份才行。

当然，学校联欢晚会的时候，他还是戴上那些闪闪发光的饰物，穿着那身时尚装扮去舞台上表演街舞。那个时候，不会有人把他看作不良少年，相反，同学们会觉得跳街舞就该这么装扮。

给男孩的悄悄话

俗语说：“人靠衣衫马靠鞍。”衣服是人的第二肌肤。男孩们一定有过这样的经历：穿一身漂亮的衣服，心情立即愉快起来，不自觉中，头扬起，胸挺起，脚步轻盈而有力，人也特别有信心。可见，服饰对人的气质起着多么大的辅助作用。

下面为青春期男孩们讲解一下选择服饰的TPO原则。当今最流行的TPO是现代人较重视的服饰穿戴原则，分别是英文中时间（Time）、地点（Place）、场合（Occasion）3个单词的缩写。此原则要求人们在着装时以时间、地点、场合3项因素为准。

1．时间原则

服饰应当随一年四季的变化而更替变换，不宜标新立异，打破常规。

夏季应以凉爽、轻柔、简洁为原则，在使自己舒爽的同时，也让服装色彩与款式给予他人视觉和心理上的良好感受。冬季应以保暖、轻便着装为原则。

2．地点原则

地点原则要求地方、场所、位置不同，着装应有所区别，特定的环境应配置与之相适应、相协调的服饰，才能获得视觉和心理上的和谐美感。

3．场合原则

不同的场合有不同的服饰要求，只有与特定场合的气氛相一致、融洽的服饰，才能产生和谐的审美效果。

在欢度节日或纪念日、结婚典礼、联欢晚会、舞会等喜庆场合，服饰可以鲜艳明快、潇洒时尚一些。一般来说，在正式的喜庆场合，男孩的服装应以深色为主，单色、条纹、暗小格都可以。

在庄重场合，比如参加庄严仪式、正式宴会等隆重庄严的活动，服饰应当力求庄重、典雅。凡是请柬上规定穿礼服的，应按规定着装。庄重场合一般不宜穿夹克、牛仔，更不能穿短裤或背心。

正式场合的衣着应当严格符合穿着规范。男孩子穿西装，一定要系领带。西服应熨平整，裤子要熨出裤线，衣领、袖口要干净。

青春期男孩们着装时，应讲究得体、整洁、典雅、大方、简约，而不能一味地追求新潮、名牌。一般说来，着装有以下忌讳：

1．忌脏。

2．忌乱，不合规范。

3．忌破损。

4. 忌过分暴露。

5. 忌过于单薄透明。

6. 忌过于短小。

7. 忌过于紧身。

8. 忌过多色彩、过分鲜艳。

9. 忌过分怪异奇特。

男孩成长手册

青春期男孩们可以根据爱好、修养、气质、审美特点等，选择能充分体现自身个性的服饰，但也要与整体的交际环境、气氛相协调，这样才能展现最佳气质。

注意生活小节

新学期开始了，初一（3）班要重新选举班干部了。彭晓很高兴可以重新竞选，上次准备不充分，竞选卫生委员失败，这次做了充足的准备，相信一定能成功。

彭晓分析，这次自己最大的竞争对手应该是前任卫生委员王建。上个学期，班里的卫生成绩一直排在年级前列。为此，3班也经常得到学校的表扬，这与王建的努力是分不开的。王建是很优秀但是自己也做好了准备，并且彭晓相信自己会做得更好。

竞选开始了，王建果然也竞选卫生委员。虽然王建的班级工作做得很好，但是他语言表达能力不强，自己在这方面有绝对的优势。果然，王建上台后，很简短地说了几句话，还面红耳赤的。渐渐地，彭晓放下心来，如果不出意外，这次肯定能当选卫生委员了。

轮到彭晓上台演讲时，彭晓讲了卫生委员的职责，搞好卫生的重要性，自己对卫生委员的认识，还向大家表了决心，他的一番演讲把竞选推向了高潮，同学们都激动地鼓起了掌。

在掌声中，彭晓马上就要结束自己的竞选演讲了，“我的竞选词说完了，希望大家能支持我！”就要下台的时候，彭晓突然发现自己脚边有个废纸团，这个纸团似乎碍着他的路呢，他顺腿飞起一脚，把纸团踢向了教室的另一边。很多同学注意到了这一动作，班主任似乎也开始皱眉。然而，面对这些，彭晓全然不知。

投票结果出来了，自己竟然落选了！彭晓怎么也不相信这样的结果。

看着迷茫的彭晓，班主任把他叫到办公室。老师笑着问：“知道为什么落选吗？”“可能是因为王建太优秀了吧？”彭晓灰心地说。老师意味深长地看着他：“纸团，你输在一个纸团上。既然看到了那个废纸团为什么不捡起来，却要一脚踢走呢？这样的行为符合你的竞选词吗？”彭晓恍然大悟，惭愧地低下了头。

“很多事情不是看怎么说，而是看具体怎么做。”老师的这句话一直萦绕在彭晓的耳边。

给男孩的悄悄话

有些男孩以为“成大事者不拘小节”。其实，由此会逐渐养成坏毛病、坏习惯，进而影响自己的生活、事业。小节不拘，会伤大节。小节作为容易为大多数人所忽视的东西，却往往成为检验人品的利器。

越是想成大事者，越要拘小节。况且，一个人的人品，本身就是一种价值，就是支撑“才能”的基础，没有了这个价值和基础，也就不会体现出人才的真正价值。

日常生活中，青春期男孩应注意以下小节：

1．公共场合，不可随意打嗝、打哈欠、打喷嚏等。

2. 不随地吐痰。

3. 不乱丢垃圾，如食品包装、饮料瓶等。

4. 不当众搔头抓痒。

与人聚餐时要注意：

1. 在入座之后，一面做好就餐的准备，一面可以和同桌的人随意进行交谈，以创造一个和谐融洽的用餐气氛。不要旁若无人，兀然独坐，也不要眼睛紧盯着餐桌上的冷菜之类，显出一副迫不及待的样子，或者下意识地摆弄餐具。

2. 开始用餐时应注意只有当主人示意开始时，客人方可开始；用餐的动作要文雅，夹菜时不要碰到邻座的客人，也不要把盘里的菜拨到桌上，更不能打翻盘碗。

3. 使用筷子时注意一些礼仪上的忌讳：一忌敲筷，即在等待就餐时，不能一手拿一根筷子随意敲打；二忌掷筷，即在发放筷子时要轻，相距较远时可以请人递过去，不能随手掷在桌上；三忌叉筷，也就是筷子不能一横一竖交叉摆放或一根是大头，一根是小头；四忌插筷，即不论在何种情况下，都不能把筷子插在菜上或饭碗里；五忌挥筷，在夹菜时不能把筷子在盘里翻来搅去，也不能让两个人的筷子在碗中发生交叉；六忌舞筷，也就是在说话时不能把筷子作道具在空中乱舞或者用筷子指点别人。

男孩成长手册

很多青春期男孩都会对一些生活小细节不以为意，认为注重细节是小题大做。但正是这些小节最容易体现一个人的教养和学识。男孩子们，一定要注意生活中的细节，从小处做起，成为一个有礼有节让人欣赏的人。

第九章 长成真正男子汉

——选一条适合自己的路

男孩要敢于坐到前排位置

英雄不只是打打杀杀

忍耐，是走入社会的通行证

学会承受失败

制订“培养勇敢”计划

做独一无二的“我”

理解“责任”的真意

男孩要敢于坐到前排位置

吴鹏飞一直是个内向的男生，起码他自己一直是这么认为的。在小学的时候，他一直坐在教室的角落里，他不希望引起别人的注意，他喜欢自己一个人躲在角落里的感觉。但是来到了初中之后他决心改变，他希望自己也有所作为，希望自己能够成为一个杰出的人。他在那些励志的杂志上看到，凡是杰出的人物都善于在众人面前表达自己。

于是，来了初中之后，他主动找老师换座位，来到了前排。在前排好像自己的一举一动都会在老师的眼睛底下，他开始很紧张，每天都全神贯注，生怕自己的一点动作被老师逮住了就会受到批评。在前排被提问的机会也多了许多，于是他不得不每天都认真预习功课，写好作业，预防老师的随机提问。

在前排坐了一学期之后，他发现自己在全班同学面前回答问题不再那么结巴了，也不再脸红了，而且比以前更爱和同学说话了。

坐前排真的给了吴鹏飞一个锻炼自己的机会，他珍惜这个在人群中能够表现自己，展现自己的机会。他想，除了在教室，以后他有机会的话还要坐到其他人群里的前排，这样坚持下去，才能离成功更近些。

给男孩的悄悄话

在这个世界上，想坐前排的人不少，真正能够坐在“前排”的却总是不多。许多人之所以不能坐到“前排”，就是因为他们把“坐在前排”仅仅当成了一种人生理想，而没有采取具体行动。那些最终坐到“前排”的人之所以成功，是因为他们不但有理想，更重要的是他们把理想变成了行动。

不敢坐到前排的人心理存在一种障碍，这种障碍是一些我们不明原因的、在本能上感到害怕的事情，这些事情可能是我们每天都会经历的，比如，害怕被人嘲笑，害怕失败，害怕意想不到的变化，或是其他一些使我们内心想要退缩的事情。只有坐到人群中、角落里我们才感到安全。如此一来，尽管我们得到的不是我们内心期待的东西，但它至少是令我们感到舒适并为我们所熟悉的事物。这些心理障碍还会使人在与他人交往的过程中产生一种社交恐惧，简单地说，就是在社交场合，怕被别人注意或稍有差错就产生极度恐惧的情绪。

据专家调查发现，社交恐惧症是最常见的神经紧张和失调的病症，它是一种对难堪或出丑表现出强烈反映和令人身心疲惫的恐惧感。拥有这种症状的人害怕在公共场合讲话，不愿意接触人，不愿意与人共事。

可见，社交障碍对一个人的工作、生活都是极其不利的，所以，我们想要成功就要努力帮助自己克服这道障碍。

当你发现自己存在社交恐惧时就应该及时克服，下面的方法不妨一试。

1. 客观全面地看待事物。具有自卑心理的人，总是过多地看重自己不利和消极的一面，而看不到有利、积极的一面，缺乏客观全面地分析事物的能力和信心。这就要求我们努力提高自己透过现象看本质的能力，客观地分析对自己有利和不利的因素，尤其要看到自己的长处和潜力，而不是妄自哀叹、妄自菲薄。

2. 要将别人的思想、言论和行为与自我价值截然分开。别人的评价，只能代表别人对事物的看法，并不是真理。这些评价，你可以择其善者而从之，不用全盘接受。

3. 从购置衣物开始，根据自己的判断去买。因为衣服是要穿在你身上，而不是穿在别人身上的。别人的选择只代表别人的爱好和审美，并不代表你。

4. 培养信心。你可以试着想自己已完成的事，这样你对能做的事会更有信心。只有失败者才会将注意力集中在失败和缺点上。

让自己坐到人群中前排位置的意图是帮助自己正确认识自我，从而培养一种胆识。毫无疑问地，胆识是一种能力。罗伯特·F.肯尼迪曾说：“只有敢于面临巨大失败的人才能取得巨大成功。”为了到达目的地，我们常常要运用自己的胆识去改变我们目前的处境，无所畏惧。

英雄不只是打打杀杀

白元哲希望自己能够当个大英雄，像武侠小说里的大侠那样行侠仗义，打抱不平，能够像电视里的那样，铲除贪官污吏，保一方百姓太平。当英雄是白元哲的愿望，为了当英雄，他还不断地锻炼自己，主动报了跆拳道的学习班，希望有一天在见义勇为的时候可以派上用场。

妈妈本来不把他当英雄的事情放在心上，一个中学生，本分上学就好了，那些当英雄的事情，离儿子很远呢，他肯定也就是说说算了。难不成还真的想见义勇为，截下凶猛的小偷。

但是，妈妈真的想错了，白元哲的老师打来电话，说白元哲现在受伤住进了医院，让白妈妈赶往医院。白妈妈一听就慌神了。受伤？儿子上学走的时候还好好的，怎么就受伤了，难道是车祸？不知道儿子的情况严重不严重。如果儿子有个三长两短，她该怎么办呢？

到了医院，除了老师和同学们以外，还有警察，白妈妈一时弄不清情况。她赶忙去找医生了解情况，白元哲没有生命危险，但是他被歹徒刺伤了，现在正在止血处理。白妈妈感觉天旋地转。

警察来向白妈妈说明情况：当时他们在闹市区抓捕歹徒，但是歹徒逃窜了，在逃跑的过程中，刚好遇见了白元哲，白元哲果断地和歹徒缠斗，但是等警察过来的时候，穷凶极恶的歹徒刺伤白元哲企图逃跑，现在歹徒已经被抓获。正是因为白元哲的见义勇为，他们才顺利抓获了歹徒。白元哲是个小英雄。

英雄？白妈妈愣住了。自己的儿子真的当了英雄。警察给学校写了表扬信，赞扬白元哲的英雄行为，并且号召大家在见义勇为的时候注意保护自己，注意采用智慧和匪徒周旋。

白元哲的英雄梦实现了，但是白妈妈却忧心忡忡，她只是希望儿子能平安健康。

给男孩的悄悄话

男孩具有冒险精神本身是个很不错的品质，但父母看管和教育起来要付出更多的精力。男孩好像是天生就喜欢冒险，不带有任何理由。

一个刚刚学会走路的男孩，他喜欢从高处往下跳。他喜欢把自己藏起来，让全家人找不到他。他会尝试所有没吃过的东西，不管是否是食物，甚至是药片，他都会往嘴里塞。他喜欢玩火，喜欢玩小刀。他会故意惹怒老师，看到老师很生气的样子，他会表现得很开心。

当男孩长大，有了自己的玩伴之后，他们还会喜欢上一切富于冒险性的事物，他们喜欢玩滑板，喜欢去郊外的山谷蹦极，喜欢在海上扬帆滑翔。有一位儿童心理学家说："任何一个男孩，在他小的时候一定或多或少受过外伤，如果一个男孩在小的时候没有受过伤，那简直是个奇迹。"

也许正因为如此，古希腊的哲学家柏拉图早在2300年之前就这么写道："在所有的动物之中，男孩是最难控制对付的。"

男孩的冒险，是一种天分，需要家长用几分欣赏的眼光来看待。大多数的男孩为了冒险，甘心摔跤，受挫折，这样的一种勇敢精神也是值得肯定呢！他们喜欢搞破坏，会把电动汽车拆得乱七八糟，这种创造能力也很值得肯定；他们也许是为了自己的朋友，通过打架的方式来替朋友讨回公道，最后总是伤痕累累，这样的正义感是值得肯定的。既然对男孩的行为感到无可奈何，那就来欣赏他吧。因为男孩除了冒险之外，还有一种英雄情结，这一点让喜好冒险的男孩显得尤为可爱。

男孩的英雄情结，不仅有利于他们男性气质的培养，更有利于他们尽快长成一个真正的男子汉。

但在现实的社会中没有一个人会像奥特曼一样具有拯救人类、拯救世界的本领，男孩们心中崇拜的英雄是虚幻的，他们小小的心中并不了解真正的英雄应该具有什么样的气魄。如果家长在此不给予正确的引导，可能孩子还会把暴力倾向误以为是英雄的象征，那就违背了男孩崇拜英雄的初衷。男孩必须明白：英雄不只是打打杀杀。

明明和妈妈一起出去买东西，在回家的路上，看到有一个小孩落水了，情况十分危急。

明明不禁着急了："妈妈，怎么办？我要下去救他。"

妈妈马上很理智地制止了明明："你并不会游泳啊，你救不了他。让妈妈想办法。"

妈妈马上呼唤路边的人，不一会儿就有个会游泳的壮汉下去把那个小朋友救了上来。上岸之后的小孩已经失去了知觉，昏迷不醒。这时妈妈又马上给急救中心打电话，把小孩送进了医院。事情就这样很圆满地解决了。

回到家，妈妈对明明说："刚才的那个小朋友，我们没有下水去，但一样还是救了他。你不会游泳，如果很鲁莽地下去，不仅救不了别人，而且还把自己陷入了危险的境地。这样反而就无法助人了，对吗？"

明明看到妈妈的所作所为，感到心服口服，很高兴地接受了妈妈的建议。

男孩成长手册

男孩要明白，英雄并不是只靠自己的力量一味蛮干，而是要运用自己的力量和智慧，巧妙地让受难者得到解脱。救人于危难固然是值得尊敬的，当英雄也是值得人尊敬的。但是不可以不考虑自己的实力而一味地去冒充英雄，这样只会使情况越来越糟。

忍耐，是走入社会的通行证

曹正奇是高一的学生，今年他和爸妈商量了之后，决定暑假去小区附近的餐馆打工，勤工俭学，他在暑假赚的钱由自己支配。

以前他经常来这个餐馆吃饭，但是当服务生还是第一回，曹正奇有点期待，也有点兴奋。期待的是跟学校不一样的生活，兴奋的是，他可以赚自己人生的第一笔钱了。现在还没开工，就已经开始期待发工资了。

开始的几天，曹正奇热情高涨，每天热情地招待客人，给客人拿菜单，递茶水，忙得不亦乐乎，快乐得像个旋转的陀螺，每天在餐厅里旋转，几天下来，基本熟悉了当服务生的全部工作。他计算着每天的薪水，觉得自己现在虽然比在学校累多了，但是至少还有钱赚，而且大部分客人对他的服务都很满意，没有刁难过他。

但是，今天他一不小心，把茶水倒到了一个客人的衣服上。那个中年女人尖叫着站起来了，大声嚷嚷："你怎么回事，没看见烫着我了吗？"

曹正奇连忙道歉，不停地说着对不起，但是那个女人还不依不饶，拿起了一杯热茶就泼到了曹正奇的身上，瞬间被茶水烫得火辣辣的疼，他从小都是泡在蜜罐子里长大的，哪里受过这样的委屈，他攥着拳头，怒气随时都会爆发，脸都被憋得通红。

老板赶忙过来调解，拉开了正奇。

曹正奇跟老板说他不干了，老板也没有生气，拉他坐下："正奇，我知道你受委屈了。但是，这事忍一下就过去了，社会不是学校，谁让你受委屈，你可以找老师，老师让你受委屈，你可以找校长。到了社会，受了委屈，要学会忍耐呀！要不没法生存。”

曹正奇答应老板，自己再回家想想，然后再决定要不要继续做服务生。他受了这么大的委屈，要掂量下自己是不是要继续下去，下次遇到这样的情况要怎么办，发怒能不能解决问题，适应社会真的要这样忍耐吗？

他还有许多问题都没有想明白，他要好好想想。

给男孩的悄悄话

曹正奇的困惑也许能在一个小故事中找到答案：

一个研究《塔木德》的犹太学者，刚刚结束他的学习生涯，到艾黎扎拉比那里，请求他写封推荐信。

“我的孩子。”艾黎扎拉比对他说，“你必须面对严酷的现实。如果你想写充满知识的书，你就必须像小贩那样，带着坛坛罐罐，挨门挨户地兜售，忍饥挨饿直到40岁。”

“那我到40岁以后会怎么样？”年轻的学者满怀希望地问。

艾黎扎拉比鼓励地笑了：“到了40岁以后，你就会很习惯这一切了。”

这一则小故事流行于犹太人之间，他们用这样的故事教育后代苦难是不可避免的。苦难教育对一个人的一生影响深远，很多人总是逃避苦难，不愿意去品尝，但要知道，只有经历苦难，才能从苦难中汲取动力和能量，只有真正懂得苦难的含义，才能品出苦难所赋予的甜。

然而，现在的很多家庭，家长不舍得孩子吃苦，他们动辄“宝贝宝贝”地叫着，恨不得为孩子做一切。在这样的教育下，男孩们好吃懒做、娇气任性，还缺乏责任心、感恩心。很多事情男孩们都没有经历，不知道生活还有不如意的一面。男孩会以为很多东西从来都是像天上掉下来的一样容易，不需要费一点心力，这个时候，他怎么有机会、有能力去承担生活中的各种考验呢？

现在的男孩，尤其是一些家境优越的男孩，从来没有认真努力过，总认为一切都不用愁，自有父母安排。这样的男孩就是缺乏危机的意识，相信当真正的困难来临的时候，他们会被彻底打败。在任何情况之下都保持着高度的警惕，才能更好地掌握自己的命运。

有这样一个实验：科学家把一只青蛙放在滚热的油锅旁边，在快到油面的时候，那只青蛙竟然跳离了油锅；可是，当把这只青蛙放进盛满冷水的锅里时，下面再放火煮，水越来越热，青蛙却已离不开锅，最后被煮死了。

正视生活中的苦难，男孩才能真正强大。

男孩成长手册

对于苦难，任何人都会有一种不由自主想要逃避的心理，殊不知，经历了苦难之后的生活才能更甜。男孩子自小应该有意识地接受艰难困苦的磨炼，学会敢于面对挫折，不怕失败，以培养坚忍不拔的意志和毅力。只有在逆境中千锤百炼成长起来的男孩才能更具生存竞争力。

学会承受失败

自从进入这所市重点高中以后，王浩就开始讨厌学习。其实，王浩在中学和小学时学习成绩很好，经常在班上名列前茅，可自从进入市重点高中以后，王浩发现，班上的同学个个都很强，开学不久的一次考试将王浩推进了深渊。那次考试，他竟然有两门不及格，就连他最拿手的数学也只考了70分，这无疑是给了他当头一棒。

那次考试之后，他曾暗下决心，要努力学习，迎头赶上。但期中考试之后，他彻底绝望了，因为他又有两科不及格，总成绩也不高。班主任为此还专门找他谈了话，将他批评了一顿，班主任认为是他没有用功学习。其实，他已经很努力了，只是不知为什么成绩总上不去。之后，他索性破罐子破摔，经常不写作业，上课也不好好听讲。他看不到自己的未来，他不知道自己以后能干什么……

学业上的频频失利使他产生了消极的认识，他曾经的“辉煌”都被现在的失利吞噬了。他否定了自己的能力，看不到自己的未来。

给男孩的悄悄话

与王浩承受同样痛苦的男孩们，试问一句：人生一世，谁无失败？而杰出者与庸人的区别就在于如何直面失败。

生活中，许多人要是没有遇到失败，就不会发现自己真正的才干。他们若不遇到极大的挫折，不遇到对他们生命本质的打击，就不知道怎样发掘自己内部贮藏的力量。

爱默生说：“伟大人物最明显的标志，就是坚定的意志，不管环境变化到何种地步，他的初衷与希望，仍然不会有丝毫的改变，而终至克服障碍，以达到所企望的目的。”

铁，要经过千锤百炼才能成钢；一个普通的人，要经过千锤百炼才能成为一个成功者、胜利者。在他奋斗进取的过程中，每一次失败就是一次锤炼。一个普通的人，身上有很多的缺陷、弱点和短处，带着这些毛病，他是不可能成为一个胜利者、成功者的。只有在失败的痛苦磨炼中，人们才能丢掉这些毛病。

青春期男孩在面对失败、挫折时，要做到以下几点：

1. 停止抱怨。不断地抱怨问题，只会让你的情绪迅速低落。如果你想找出一个解决问题的办法，谈论你的问题是好的，但是让自己成为一个悲剧的主角只会使你持续抱有消极态度，并且一次又一次地提起它，不堪其扰。

2. 坦然接受事实。千万不要让失败日夜折磨自己的心灵。默默地接受这些事实吧，这会使你的情绪好一些，并且对将来抱有积极的态度。

3. 依然保持乐观积极的面貌，采用自我心理调适法，提高心理承受能力。

4. 调整思路，降低原先脱离实际的“目标”，及时改变策略。

男孩成长手册

失败是对一个人人格的考验。在一个人除了自己的生命以外，一切都已丧失的情况下，内在的力量到底还有多少？没有勇气继续奋斗的人，自认失败的人，那么他所有的能力，便会全部消失。而只有毫无畏惧，勇往直前，永不放弃人生责任的人，才会在自己的生命里有伟大的进展。

制订“培养勇敢”计划

“叶文浩，这次演讲比赛你上吧，学得这样好，可不能浪费了才能。”下课后老师叫住叶文浩，给他布置了演讲比赛的任务。

“老师，我……老师我还是不上了吧，我不适合演讲的……”

“别紧张啊，只要像写作文那样就好了，你作文写得这么好，演讲也没问题的。大大方方去说就可以了！就这么定了啊，你晚上写一份演讲稿，话题就在这张纸上，自己挑一个。明天把演讲稿带给我看看吧，我帮你改改就行。”

叶文浩对着演讲题目瞪口呆。老师的期望着实让他受宠若惊，但对演讲，他实在是丝毫没有把握。叶文浩的英语水平在班里也算有名了，每次考试几乎都拿第一，作文也常被当成范文。论口语，其实也不赖，发音算是标准了，只是很少开口说。叶文浩这人就一毛病：怯场，不善在公众场合讲话。

老师是打定主意让自己参赛了，怎么办呢？想到台下几千双眼睛盯着自己，叶文浩就觉得浑身不自在。“唉，怎么推脱啊，唉……”他叹了一晚上的气，写了篇演讲稿，战战兢兢地去交给老师，又嘟嘟囔囔地推脱了一番。“老师这演讲稿，您让别人去念吧，我……实在不行啊。”

“不试试怎么知道啊，你的口语绝对没有问题啊，只是看能不能克服心理障碍了。你想啊，第一次上台的人，有几个是不紧张的呢？为什么别人有勇气上台，你就没勇气？论实力，你完全不必担心；论信心，有那么多人都寄希望于你呢！不跨出第一步，就永远不可能跨出去，但要是跨出去了，你会觉得其实一切都简单得很！”

当台下掌声雷动的时候，叶文浩明白了，“为什么不能鼓起勇气呢？只要跨出去第一步，一切其实都很简单了！”

给男孩的悄悄话

在海明威的《老人与海》中，主人公桑提亚哥独自出海第85天，才钓到一条大鱼，并与它较量了3天。虽然鲨鱼最终吃掉了一大半的肉，但书中那句“一个人可以被毁灭，但他永远不会被打败”却使人刻骨铭心，令人难忘。

的确，一个永不丧失勇气的人是永远不会被打败的。就像诗人弥尔顿说的：

即使土地丧失了，那有什么关系。

即使所有的东西都丧失了，

但不可被征服的志愿和勇气

是永远不会屈服的。

一个勇者，有能压倒一切的信念，相信自己可以面对一切紧急状况，处理一切障碍，并能控制任何局面，敢于穿越重重险阻，历经磨难走向成功。

美国前总统艾森豪威尔小时候胆子比较小，有一次去叔叔家玩。叔叔的房子后面养了一对大鹅，公鹅一见他就怪叫着向他扑来。他哪儿受得了这种恐吓！于是他拼命跑开，向大人哭诉。

受了几次惊吓后，叔叔找了个旧扫帚交给他，然后指着大鹅对他说：“你一定能战胜它！”当鹅再次向他冲来时，他手里拿着扫帚，浑身不住地颤抖。猛然间，他鼓足勇气大吼一声，挥起扫帚向鹅冲去。鹅掉头便跑，他紧追不舍，最后狠狠地给了鹅一下，鹅惨叫着逃跑了。从那以后，鹅只要一见他，就会远远地躲开。

从此，他懂得了一个道理：只有勇敢迎战，才有可能战胜对手。

有一段时间，他每天放学回家的时候，都被一个与他年龄相仿、粗壮好斗的男孩追赶。一天，这一幕正好被他父亲看见，于是冲他大喊："你干吗容忍那小子追得你满街跑？去把那小子给我赶走！"

于是，他不得不停下来，面对自己很害怕的对手。他开始猛烈地反击，这一招立刻把对手吓住了，慌忙夺路而逃。艾森豪威尔顿时勇气大增，一把将对手抓住，正颜厉色地警告他："如果你再敢找我的麻烦，我就每天打你一顿。"

通过这件事，他进一步悟出一个道理：别看有些人耀武扬威，其实不过是外强中干，唬人而已。强迫自己面对貌似庞大的对手，是从恐惧中解放出来、培养勇气最有效的方法。

畏惧虽然阻碍着人们力量的发挥和生活质量的提高，但它并非不可战胜。只要青少年朋友能够积极地行动起来，有意识地纠正自己的畏惧心理，那它就不会再成为我们的威胁。

勇敢的思想和坚定的信心是治疗畏惧的天然药物，如同化学家通过在酸溶液里加一点碱，就可以降低酸的腐蚀力一样。

勇敢的态度，无论是对事还是对人都有一种极强的穿透力，如果你与生俱来就有这种品性，那么很值得恭贺；如果你还没有养成这种性格，那么尽快培养吧，你未来的人生会很需要它！

以下为青春期男孩提供一个"培养勇敢"计划：

1．不依赖他人，学会独立生活。

2．尝试一些需要胆量的事情。比如为同学们唱一首歌，在公众面前准备一次演讲，学习游泳，参与"野外生存"活动等。

3．与胆大勇敢的同伴多接触，模仿其言行举止，锻炼自己。

4．多给自己打气。比如告诉自己："我能行！""他能做好，我也可以！"

西方的一位哲人说："迎头搏击才能前进，勇气减轻了命运的打击。"中国也有一句古话："狭路相逢勇者胜。"人的勇气和胆识是在屡败屡战中锻炼出来的，也是自己给自己灌输的。鼓足勇气，直视困难，你会发掘出抵抗逆境的强大力量。

做独一无二的"我"

饭桌上的萧和看着好像有些心事。突然他抬起头，"妈妈，我是个没个性的人吗？"这一问惹得萧妈妈扑哧笑了。"怎么这么说呢？哪有一个人是没有个性的呀！""可是……"

萧妈妈其实很清楚孩子的想法。萧和是个很好脾气的孩子，没什么架子，俨然是一个"老好人"的形象。因为这样，同学们任何求助他都不会拒绝。可是如今几乎家家都是独生子女，每个孩子都个性鲜明，反叛的、固执的、易怒的都有，萧和的个性就显得尤其温和。这样一来，逐渐发现问题的萧和自然会自问，是不是自己是个完全没有个性的人。

"妈妈一直以你的个性为荣呢！""为什么……妈妈你不觉得我是个很没有个性的人吗？"

"小和，在这个世界上，没有个性的人是不存在的。因为每个人都有自己的想法和方式呀，要不然他就不能成为'人'了，是不是？'个性'这东西，不仅仅只有叛逆、热情、活泼啊，你所看到的只是别人表现得相对高调一些的个性而已。你沉稳、随和、单纯，这些个性也是很宝贵的。要成为什么样的人，是你自己的事情，只要相信，你就是你自己，就好了。"

给男孩的悄悄话

个性，是自己独特的思维和行为方式。齐白石曾云：“学我者生，似我者死。”一位学者这样说：“真正伟大的人，并不是因为他所完成的事业的伟大而促成了他的伟大，而是因为，也只是因为他完全地发挥出了自己强大的个性。”

从中，我们可以体会出这样一个道理：杰出人士之所以能让自己从芸芸众生中脱颖而出，一个重要的原因就是——他们保持着自己独一无二的个性。

成功者都是有个性的，没有个性的成功者几乎是没有的。一个人必须保持自己独特的个性，正确地认识自己，扬长避短，这样才会有利于自己事业的发展。

著名喜剧大师卓别林开始拍片时，导演要他模仿当时的著名影星，结果他一事无成。直到他开始形成自己的独特风格，才渐渐走向了成功。鲍勃·霍伯也有类似的经验，他以前有许多年都在唱歌跳舞，直到他发挥自己的才能才真正走红。

吉瑞·奥特利一直想改掉自己的得克萨斯口音，打扮得像个城市人，他还对外宣称自己是纽约人，结果招致别人背后的讪笑。后来他开始重拾三弦琴，演唱乡村歌曲，才奠定他在影片及广播中最受欢迎的牛仔的地位。

所以，青春期男孩要根据自己的个性去思考自己的未来，去设计成功的路线和方法。一个有独特个性的人才能算是完整的人，才会受到别人的尊重。

男孩成长手册

人生活于世间，能以本色面世，不费尽心机，不被那些无谓的人情客套、礼节规矩所拘束，能哭能笑，能苦能乐，泰然自在，怡然自得，真实自然，保持自己的个性特征，岂不是一件乐事？随波逐流，任意浮沉在别人的标准中，过分在意别人的看法，过分小心别人的评价，只会令你的自尊越来越低，而属于你的自我形象、独特个性也只能一片模糊。因此，不要因为别人的眼光和看法而委屈自己，强迫自己去做其实并不想做的事情。

理解“责任”的真意

林立是足球队一员。这一次，球队输了，原因是林立与队友张贺闹了矛盾，关键时刻愣是没传球给他。

球队输了，大家都垂头丧气，但没人知道最后那一球的失误是怎么回事，也没人知道那两人在闹矛盾，只顾着唉声叹气。谁也没有注意到，张贺怒目瞪了林立好几眼。林立呢，其实心里可不是滋味了。球队本是个很愉快的群体，大家互相照顾，都是铁哥们儿，跟张贺的矛盾纯属意外，但他心里也清楚，这情绪本就不该带到球场上来。不论怎么给自己找借口，他也没法不自责——这次输球，主要原因就在于自己。

可是如果坦白了这错误，会不会被大家排斥呢？大家这么看重这么努力准备的一场球赛，就因为自己的“私人恩怨”而落败，怎么想自己也是犯了大错。如何能取得原谅呢，唉……

思来想去，林立几晚都没睡好，越想越觉得自己没骨气。既然错是自己造成的，为什么不敢承认呢？

他找来队友们：“兄弟们，我叫大家来，是想道歉。上回的球赛，都是我的错，若不是跟张贺闹矛盾还记仇，就不会输。这事确实责任在我，我自惭形秽，越想越觉得不该对兄弟们隐瞒，很抱歉！”

“傻小子，我们才不记仇呢，足球是个团队活，你有责任大家也有责任。况且你都这样认错了，我们还能怪罪你不成！大家都是兄弟，要一同努力啊。”

球队依旧每日练习，林立和张贺的矛盾也烟消云散，他深深感到，一个人担起自己的责任有多重要。

给男孩的悄悄话

青春期男孩，你能真正理解“责任”二字的含义和分量吗?

小时候，我们不小心打坏了东西，就把手背到身后说：“不是我！”犯了错误却想逃避惩罚，这是人天生的毛病。长大了，我们甚至将这种毛病“发扬光大”，对自己的行为完全不负责任，经常主动犯错，然后设法逃避惩罚。那些踏入深渊的人不都是这样的吗?

如果一个人乐意对自己的行为负责任，即使蒙受损失也不改变做人风格，那么，为了避免损失，他会尽量预防失误，他的失误也因而越来越少，久之必然成为一个出类拔萃的人。所谓名人、权威、专家，不就是失误更少的人吗?无论在任何领域都是如此。

洪占辉，一位普通的大学生，却感动了千千万万的人。他的故事让我们明白了，一个人只有勇敢地负起自己的责任，才能顶天立地地活着。13岁的他用自己稚嫩的肩膀担负起了常人难以想象的重担。他要一边上学，一边照顾患有间歇性精神病的父亲，还要照顾弟弟和家里的农田。不仅如此，他还担负着本不属于他的责任——照顾一个和他毫无血缘关系的妹妹。

这些重担全压在洪占辉身上，他咬着牙，一路走过来，带着妹妹求学12年，不仅自己考上了大学，也让妹妹上了学，并成长为“十佳少年”，成为2015年“感动中国”十大人物之一。在他身上，我们看到了中华民族的传统美德，看到了一个男子汉沉甸甸的责任。

有些责任心淡薄的青少年以为一点疏忽、一个失误、一种毛病无关紧要，那么，想一想这些小事的后果：急着下班回家的护士为病人输错了液；一个大大咧咧的工人在易燃品堆放仓库中随手丢下烟头；疲倦的财务人员在汇款时写错了一个账号；水泥厂一批不达标的产品被不负责的建筑公司用作一所学校的建筑材料……

这些看起来都是微不足道的小事，往往却会引起严重的后果。青春期的男孩不能以自己还很小，还没到承担责任的年纪为借口。责任使男孩能够时刻谨记生活目标，责任体现了生命的全部意义。你能取得什么样的成就，是否能成为对社会有所贡献的人，在很大程度上取决于你是否理解了“责任”的真谛。从现在开始，试着为自己，为社会负责，扛起肩负的责任。

男孩成长手册

作家米兰·昆德拉说：“一个人身上的担子越重，就越能感受到生活的充实和快乐。”每个人生存在这个世界上，都有着自己无法逃避的责任。作为儿女，要孝敬父母；作为职员，要努力工作；作为公民，要履行职责和义务；作为母亲，要养育儿女；作为父亲，要支撑家庭……男孩子只有理解了“责任”的真谛，才能成长为真正的男子汉，承担起自己肩上的那份责任。

第十章 换个角度考虑问题

——克服自身弱点

舍弃虚荣心

多一点宽容，少一点计较

抛开狭隘，心底无私天地宽

学会抵御诱惑

为自己的错误埋单

把握今天，告别拖延和惰性

舍弃虚荣心

齐鸣讨厌开家长会，但是每年都要开家长会，而且一年两次，每次都是要求家长参加。他认为家长会其实就是一个大家互相攀比的平台，每次开家长会，学校外面都停满了车，豪华的，不豪华的。家长们也会衣着光鲜。

齐鸣不想开家长会是因为爸爸是个工人，妈妈以前是工人，后来下岗了，就在一个菜市场那边卖煎饼。每次开家长会妈妈都是收拾了煎饼摊之后再来学校。他家没有车，不要说豪华的没有，就连不豪华的也没有。妈妈也不会衣着光鲜地来，她是褪下套袖和围裙就来了，进了教室，有时候还觉得身上带着煎饼的味道。齐鸣觉得很不光彩。

老师会邀请学生家长发言，家长们坐在自己孩子的座位上，孩子们站在教室的后面。齐鸣因为这次考了第一名，齐妈妈是第一个被邀请发言的家长。

她局促地搓着手："我儿子挺争气的，在家也不用我们管很多。我每天很早就出门卖煎饼了。没空给他做饭，他都是自己照顾自己。我和他爸爸觉得，没有给他像别的孩子一样舒适的生活，我们很对不起他。"妈妈哭了，用冻得通红的手擦着眼泪。她看起来比其他同学的妈妈老了好多岁，皱纹都爬上了她的额头。

齐鸣对自己家没有那么富裕的嫌弃少了些。他觉得自己那么虚荣地跟家境富裕的同学攀比，很对不起爸妈。自己有时候还因为这事跟爸妈生气，他们没有训斥他，只是自己回了卧室之后叹气。

齐鸣突然觉得自己很不懂事，都是他的虚荣心，伤害了爸妈。爸妈经常跟他说，就是砸锅卖铁也要供他读书。他却在为自己的爸妈不能开车来开家长会，不能像别人的爸妈一样珠光宝气地来参加家长会而偷偷记恨爸妈。他深深地为自己的行为和想法而悔恨。

等轮到学生要当着爸妈的面说出自己的愿望的时候，齐鸣当着所有的同学，还有老师，还有同学们的父母，哭着跟齐妈妈说，要给他们幸福的生活。齐鸣不再和同学们攀比父母了，他知道，爸妈给他的爱一点也不比别人的父母少。

给男孩的悄悄话

词典上对虚荣心的解释为：表面上的荣耀，虚假的荣誉。心理学上认为，虚荣心是指一个人借用外在的、表面的或他人的荣光来弥补自己内在的、实质的不足，以赢得别人和社会的注意与尊重。它是一种很复杂的心理。虚荣心是自尊心的过分表现，是为了取得荣誉和引起普遍注意而表现出来的一种不正常的社会情感。

今天，随着生活质量的提高，我们的需求也必然越来越高了。当家庭间的发展有差距时，青春期男孩就会产生虚荣、攀比的心理，攀比学习用品、衣服鞋袜、电脑，甚至金银首饰，更有的攀比是否有私家车接送。在这样的相互攀比中，家庭条件好的占尽了上风，他们成了许多青少年羡慕的“贵族子弟”，这一倾向反过来又导致这些“贵族子弟”产生高人一等的优越感，更加追求物质享受，贪慕虚荣；一些家庭条件较差的男孩，他们不知道该如何正确对待，心中自然就会滋生异样感觉——自卑感或虚荣心。就这样，一个人的人格渐渐就被这种消极的、不正常的心理歪曲了，他的价值观和人生观便更为偏颇了。

虚荣心理，其危害是显而易见的。其一是妨碍道德品质的优化，不自觉地会有自私、虚伪、欺骗等不良行为表现。其二是盲目自满、故步自封，缺乏自知之明，阻碍进步成长。其三是导致情感的畸变。由于虚荣给人的沉重的心理负担，需求多且高，自身条件和现实生活都不可能使虚荣心得到满足，因此，怨天尤人、愤懑压抑等负向情绪不断滋生、积累，导致情感畸变、人格变态。

虚荣心强的人往往不惜玩弄欺骗、诡诈的手段来炫耀、显示自己，借此博取他人的称赞和羡慕，最大限度地满足自己的虚荣心。但是由于这种人自身素质低、修养差，经常是真善美与假恶丑不分，矫揉造作，使人感到很不舒服，甚至产生反感。

青春期男孩要克服虚荣心，首先要树立正确的荣辱观，即对荣誉、地位、得失、面子要持一种正确的认识和态度。不可过分追求荣华富贵、安逸享受，否则就真的陷入了爱慕虚荣的泥潭。

其次，要进行正确的比较。多比干劲、成绩、知识，多比别人的长处，从而认识到自己的不足；少比金钱、吃穿、职位，否则极易导致心理失衡。

男孩成长手册

华丽的外表无法掩饰心灵的空虚。很难想象一个爱慕虚荣的人能有多大的成就，因为他们总是把一些浮在表面上的东西作为提高自己地位的条件，而不是扎实地生活和工作。

由于虚荣心具有许多负面影响，是一种扭曲的心理，它会遭到他人的反感和敌意，甚至批判，因此要尽量克服它。

多一点宽容，少一点计较

张磊偷偷地跑到车棚，找到班主任的自行车，趁着车棚里人少，没人注意到他的时候，把班主任的车子放了气。做完这件事，他觉得心里舒坦多了。他这么做就是因为上午他跟别的班的同学在楼道里起了冲突，班主任看见了之后当着楼道里的很多同学大声训斥了他和那个男生，但是他觉得班主任是偏袒了外班的男生，委屈了他，于是他决定给老师的车子放气，来报复班主任。

完成了他的报复行为之后，张磊回到了教室里，班主任正在给一个同学讲解题目，他看着老师的背影，突然觉得很内疚，他以前因为和校外青年产生了冲突被一群人围堵的时候，路过的班主任呵斥走了那群孩子，就是骑着他刚才放气的车子把他送回家。现在，他却因为老师训斥他而想报复老师，这样的想法让他觉得很内疚。

他主动地走到老师跟前，跟老师说了自己的报复行为和悔恨的心理。老师拍拍他的肩膀："都过去了，准备上课吧。"

他欢快地跑到了自己的座位上。那种因为报复产生的愤怒和窃喜还有悔恨都被老师的一句话化解了。

给男孩的悄悄话

报复，指在社会交往中，有些人欲以攻击方式对那些曾给自己带来伤害或不愉快的人发泄不满。报复心理、行为不仅会对他人造成威胁和伤害，而且有害自己的身心。一位名人说："为你的仇敌而怒火中烧，烧伤的是你自己。"所以，青春期男孩们要学会远离仇恨和报复。

忘记仇恨就是忍耐。同学的批评、朋友的误解、过多的争辩和"反击"实不足取，唯有冷静、忍耐、谅解最重要。"退一步海阔天空"说的就是这个道理。

忘记仇恨就是快乐。人人都有痛苦，都有伤疤，经常去揭，会添新创，学会忘却，生活才有阳光，才有欢乐。如果没有忘却，你只会淹没在对过去的懊悔、痛苦和对未来的恐惧、忧虑与烦恼之中。

忘记仇恨就是潇洒。宽厚待人，忘记仇恨，乃事业成功、家庭幸福美满之道。事事斤斤计较、患得患失，活得也累。法国19世纪的文学大师雨果曾说过这样一句话："世界上最宽阔的是海洋，比海洋宽阔的是天空，比天空更宽阔的是人的胸怀。"人难得在滚滚红尘中走一遭，何必寻找那么多的烦恼呢?

青春期男孩针对自身的报复心理，可采取以下几种方法来调解：

1. 学会用动机和效果统一的观点去衡量人的行为，这样可以减少许多不满情绪的产生，为报复心的萌生断了后路。可能他人的动机不坏，而方法有误，给你带来恶果，这时你就应该谅解他。

2. 心理换位。当你受伤害或不愉快时，不妨进行一下心理换位，将自己置身于对方的境遇中，想想自己会怎么办。通过这样的换位，你也许能理解对方的许多苦衷，正确看待他人给自己带来的挫折或不愉快，从而消除报复心理。

3. 多考虑报复的危害性。报复毕竟是对他人的一种伤害，每个人在出现报复的念头时务必要多考虑报复的危害性。报复行为会不会受到社会舆论的谴责？会不会触犯纪律或法律？如果你的良心约束不了你，那只能由法律来束缚你。

4. 有报复心理的人一般心胸狭窄，易受情绪影响，且恶劣心境的作用强烈而漫长。所以，要加强自身修养，开阔心胸，提高自制能力，让自己在阳光雨露下生活。

多一点宽容，根除报复心理，我们将赢得更多的朋友。

男孩成长手册

实际上，忘记仇恨正是爱他人、爱世界的一种方式。在现实生活中，千万不要拿显微镜看待周围。人人都有不足，事事都有缺憾。但是瑕不掩瑜，只要我们忘记仇恨，不刻意追求完美，我们就会从中发现自己喜欢的方面。

抛开狭隘，心底无私天地宽

邹涛被班主任拎到办公室去了。因为今天政治老师讲课的时候，他睡觉被发现了。政治老师要他认真听讲，并且说为了让他提神，要他站3分钟再坐下。他不服气，直接坐下了，还一副傲慢的样子。坐下之后，他趴到桌子上继续睡。

下课后，政治老师提醒他以后不要睡觉，他站起来直接跟老师说：“你管得着嘛！”

于是，现在他就被班主任拎过来继续接受教育。

“怎么回事，为什么下课的时候，老师提醒你不要上课睡觉，你顶撞老师？”

邹涛还不服气，觉得政治老师是给他打小报告了：“她讲课讲得没趣，我自然就困，我还得怨她没把课讲好呢。”

班主任知道，邹涛是个爱斤斤计较的男生，他就是嫌政治老师上课时让他在同学们面前丢面子了，是成心报复老师。

于是班主任说：“政治老师讲课好不好，不是你说了算的。你作为学生，上课睡觉，自然是不符合作为一名学生的规范的。下课老师劝你，也是为了让你在课堂上收获更多东西，她如果是为了让你出丑，可以直接让你站一节课，还可以当着全班同学的面挖苦你呀。”

邹涛还是把脸扭到一边，显然还是不服气，他觉得他受不了老师这样的批评，单独批评也就算了，还当着全班同学说，即使课下，也伤了他的自尊。

“男孩子，已经这么大个子了，还这么小气，让同学知道了才笑话你呢。”班主任打趣他，“心胸开阔点，已经是大人了，还跟个小朋友一样。”

邹涛有些不好意思了，被老师这么一说，好像自己真的有点小家子气。他心想：算了，这样再跟老师置气显得自己好像太计较这些。

班主任看着他不那么倔了，就趁热打铁地说：“咱作为一个男子汉，要想不让老师再当着大家说咱，就表现得像个男人。”

邹涛乐了，班主任真有幽默感，“那怎么做才像个男人？”

“不跟女人一般见识，让她看看一个优秀的男人是怎样由上课睡觉变成最勤奋、最优秀的学生的。”

邹涛知道，班主任又给他下套了。

给男孩的悄悄话

生活中，有些男孩听到师长的几句批评就无法接受，甚至发火、痛哭；只爱交与自己一致的朋友，而容不下比自己优秀或与自己意见有分歧的人；遇到一些得失、委屈，生活、学习上的一点失误，便耿耿于怀，斤斤计较而日夜不安。这都是狭隘的表现。

狭隘是心胸狭窄、气量狭小的人格表现缺陷。狭隘也常常表现为吝啬小气，吃不得亏，想方设法弥补“受损”的利益。

青春期男孩应如何应对狭隘呢?

1．树立正确的人生观

人生匆匆，何必计较太多？抛开“自我中心”，心底无私才会天地宽。

2．正确处理人际关系

（1）要有大度的气量。与人相处，肯定会发生一些不愉快的事，如果缺乏气量，与之斤斤计较，就无法相处。相反，如果气量大，胸怀宽阔，就会使那些不愉快的事化为乌有。

（2）要有忍让的精神。忍让，绝不是软弱，而是心胸宽阔、风格高尚的表现。提倡忍让，并不意味着放弃原则。心胸狭窄的人极容易错误地估计形势，错误地对待人和事。

3．开阔视野

狭隘的人，不仅生活在一个狭窄的圈子里，而且他的知识面也非常狭窄。因此，开阔视野很重要。男孩子们应多参加一些社会公益活动，参观一些伟人、名人纪念馆，听英雄人物事迹报告会等。这能使我们在亲身经历中悟得很多人生道理。丰富课余文化生活，组织多种多样的文娱、体育活动，拓宽兴趣范围，使自己时刻感受到生活、学习中的新鲜刺激，感受到生活的美好，陶冶性情，从而在健康向上的氛围中增强精神寄托，消除心理压力。

4．多与人交往

狭隘的人，其心胸、气量、见识等都局限在一个狭小范围内，不宽广、不宏大。青春期男孩应多与人接触，对不同的人有不同的认识，从而积累经验，从中明白对与错的道理。

男孩成长手册

比尔·盖茨认为，一个能够开创一番事业的人，一定是一个心胸开阔的人。人要成大事，就一定要有开阔的胸怀，只有养成了坦然面对、包容一些人和事的习惯，才会在将来取得事业上的成功与辉煌。

学会抵御诱惑

郭凯终于挣扎着走出了网吧，他背后还传来哥们儿不够意思的抱怨声，但是他没有再回头，他不能再这么沉迷在网络中了。上个月，因为好奇，他和同学一起去网吧开始玩游戏，一旦开始，就无法自拔，他每天放学都第一时间冲进网吧，打开那个虚拟的世界。

上课精力无法集中，郭凯的脑海里还是那些攻城的策略，满脑子的战术，自然慢慢地跟不上老师的进度。这样，他就越发不想看书和学习，形成了恶性循环。他开始在网络中结识所谓的“绿林豪杰”，他们一起攻克难关，他还在这个团队里体验到了集体的温暖。在这个小团体内部，他们打下的所有装备都是共享的，每次对付特别难缠的怪物都是集体出动，分工明确。他觉得这个世界才是他想要的世界。

但是，成绩很快就亮起了红灯。开家长会时，妈妈被老师单独叫过去谈话。他知道原因，这个原因他比谁都清楚。他以为妈妈回家会训他一顿，因为爸爸是个军官，常年不在家。家里只有妈妈和郭凯，平时妈妈对他要求得很严格。

妈妈回家后没有提在学校的事情，她的眼睛红红的。她回卧室打电话了，郭凯在客厅看电视，听见妈妈在跟爸爸说老师对自己的担忧，还有妈妈低声的啜泣，大概意思是儿子长大了，还是需要爸爸来管，希望爸爸从外地可以调回来。

郭凯知道爸爸不可能调回来，妈妈也不会真的希望爸爸舍弃了部队的事业，回家来陪他们。郭凯觉得自己很对不起妈妈，于是决定克制自己，不再接受诱惑。他要重新开始。

面对诱惑，郭凯有时候还是心里痒痒，尤其是自己在游戏里的队友们在通过各种方式要他迅速归队的时候，那是一种极难拒绝的邀请。但是，他必须克制自己，否则，没法兑现自己给妈妈许下的承诺。

最后一次，他这是最后一次进网吧，是为了和经常玩的哥们儿告别。他的出现让很多人很高兴，大家听了他的来意，却嗤之以鼻。他没有接受他们的挽留，坚决地走了出来。郭凯要重新步入学习生活的正轨。

给男孩的悄悄话

在学习和生活中，不良诱惑无处不在，每个人都要不断面对诱惑做出选择，每个人的选择都是有对有错的。有的错误可以慢慢改，但有的错误，则会影响人的一生，带来不可估量的负面影响。

生活中充满诱惑，当我们面对诱惑时，最强有力的支持来自自己的心灵深处，强而有力的自制力是我们抵抗诱惑的力量源泉。只有这样才能保障我们不迷失自我，不失去努力的方向，到达成功的彼岸。自制力可以说是成功的必要条件。

现在的中小学生大都物质条件优越，身边充满了各种各样吸引他们的东西，电视、电影、游戏机、各种动画玩具，特别是网络都充满了诱惑。如果他们不能正确地对待学习和玩耍的关系，必然会严重影响他们的学习。所以在学习上，加强自制力，自觉抵制不良诱惑是非常必要的。

当然，我们面对的诱惑有强有弱，有的对于我们来说本来便不算是诱惑。当你走进网吧时，努力使自己退出来，你的自制力便增强了一分；当同学让你一起打球而你有安排时，果断地拒绝，你的自制力又增强了一分。久而久之，虽然会有痛苦、反复，但你的自制力已在不知不觉中养成了。

我们不是生活在真空里，每时每刻都会受到外界的干扰。人的大脑有一百四十亿个神经元细胞，清醒时，一瞬间就有数百万条通路在同时传送信息，产生无数个杂念。为了最大限度地避免内外干扰，集中注意力，要排除来自外界的各种诱惑，也要排除自己内心的厌学情绪。

肖伯纳说："自我控制是强者的本能。"如果你想成为学习上或者生活上的强者，那么你就得学会自我控制，坚决抵制各种不良诱惑。

提高自己的控制力抵制各种诱惑，可以从日常的行为习惯着手，从一件件小事做起。你可以给自己制订一些行为规范，采用量化的方式来自我评估。比如贪玩的男孩可以给自己规定放学后一个小时用于学习，然后才可以出去玩；爱花钱买零食的男孩可以规定每天少花点钱；爱随地吐痰、不拘小节的男孩应准备好一些手纸，把痰吐到手纸里……每隔一段时间，回过头检查自己制定的规范执行得怎么样。

男孩成长手册

自制力是我们顺利完成工作和学习、取得成就的必要条件。缺乏自制力的人往往无法取得预期的成功。俄国伟大的文学家车尔尼雪夫斯基说过："一个具有崇高德行的人，能够把吸引他的一切多样的憧憬克服了，使之服从他的主要憧憬。不错，为了这，他必须常常同自己斗争。"不管是对我们现在的学习，还是对今后的工作和生活，自制力都起着非常重要的作用，自制力越低，成功的可能性就越小。所以我们必须增强自己的自制力。

为自己的错误埋单

三年级学生小贝在一天放学回家的路上，被两名中学生拦住了去路："喂，借点钱给我们用用。"10岁的小贝虽说从来没碰到过这种场面，但也毫不示弱："我不认识你们，没钱。"其实，那两人早就看到他的裤袋里藏了个鼓鼓的钱包，干脆抢了就跑。这可是小贝攒了半年的零用钱，共180元。他哭着喊着去追赶，可哪里还追得上。旁边的大人还以为是小孩在吵架，谁也没当回事。

一星期后，小贝在班主任许老师的护送下，与同学一起排队走出校门。上次抢钱的一名中学生出现了，不同的是，这次他的身边还站着一个大人。大人把小贝叫到一边说："对不起，我儿子不争气，抢了你的钱包。你的180元钱和钱包现在在他同学手里，我马上通知那个同学的家长。"只一刻钟，当时结伴的另一名学生也赶到了，大人让两个孩子一起向小贝道歉。

原来，这名中学生的父亲得知儿子与同学合伙抢了一名小学生的钱包后，寝食不安，仅凭儿子一句"那个学生可能在某某学校读书"，他便每天上学放学，带着儿子到那一带的小学逐个认人，终于发现了背着书包排队出来的小贝。

给男孩的悄悄话

一个没有责任感、没有价值感的人，就无法找到自己在社会中的地位与重要性，找不到前进的方向，也就失去了创造成就的动力，最终将一事无成。这样的孩子是可悲的，这样的父母也是失败的。

每个人都不是天生就具有责任感的，都是在适宜的条件和环境下萌发的，并随着年龄的增长和心智的逐渐成熟而形成的。这位犯了错误的中学生非常幸运，他有个良好的家庭环境帮他纠正错误——家庭是孩子责任感赖以滋长的土壤，父母对待孩子的态度以及教育方法，是孩子的责任感能否形成的重要条件。

一个人如果对自己的行为都不能负责，就更难对他人负责；一个人如果对自己的家庭都不能负责，更不会对社会负责。这样的人是可悲的，既不会得到别人的信任，也不会得到社会的承认。

一位哲人曾说："犯错是人的惯常行为之一，错误本身并没有可怕之处，最让人担忧的是，当错误已成事实的时候，我们却选择了逃避，而没能从中学到生活的经验。"男孩们，当你犯了错误之时，绝不能毫无原则地向自己让步，更不能姑息、放任自己。

男孩应该懂得为自己的行为担起责任。躲避责任，只会让你留下人生的硬伤，甚至一错再错。生活中，当你犯了错误的时候，要多从自己身上寻找原因，不断地完善自己，学会为自己所经历的一切负责。

有一位年轻人，他在自己的文章中，对母亲在一件事情上给过他的启悟，很是感慨：

中学时，我是住校生。每次离家前，母亲总不忘叫我带上一小袋米，因为我所就读的中学要求学生自己带米。

又是一次返校，因为疲劳，一上车我就昏昏欲睡。突然，一个紧急刹车把我从梦中唤醒。我睁开眼睛，浑浑然间感觉前面有一摊耀眼的白色。定睛一看，我大叫起来："天啊，我的米！"不知何时，米袋口脱开，米从袋子里滚落下来，摊在地上成一堆白色。当我惊叫的时候，一个冷漠的眼神从旁边斜射过来。我看见一张写满不屑的脸，仿佛在告诉我他看到了米滑落的整个过程。刹那间，我的整个肺都要气炸了，他怎么可以这样漠不关心、见死不救？世界上竟然还有这样的人存在！我不知道应该用哪一种方式去让自己平静。我只是蹲在那个年轻人的面前，用双手一捧一捧地把米放回袋子，然后安静地等着下车。

此后，我一直被一种从未有过的愤怒和惘然所包围。我开始怀疑一些东西，重新审视身边的一切。

当我又一次回到家里，讲述那天车上的遭遇时，我余怒未消，用最狠毒、最丑恶的字眼来诅咒同车的那个年轻人。我满以为母亲会与我同仇敌忾，声讨这个年轻人的劣行。不料母亲却平静地说："孩子，你可以觉得委屈，甚至可以埋怨，但你没有权利要求别人去承担你自己的责任和过失。作为母亲，我只能希望我的儿子在别人的米袋口松开时，能帮忙系上。"

男孩成长手册

凡是自己做错的事，不能让别人来替你收尾，甚至来承担责任和弥补过失。男孩只有从小就学会为自己的过错担当责任，在面向广阔的人生天地时，才能赢得别人的信赖，并有所成就。

把握今天，告别拖延和惰性

赵野在班上有个外号叫"赵明日"。因为不管你跟他说什么事儿他都习惯性地回复"明天再说吧"。即使事情很紧急他也会这样回答。就因为他这样的性子，不知道耽误了多少事，吃了多少亏，别人是不撞南墙不回头，他是撞了南墙也不回头。

班上小组长收作业时，他总得跟人家说"先收别人的吧，我的等会儿再说"。赵野总是喜欢把事情往后拖，总是抱着大事拖小，小事拖了的侥幸心理。实在拖不过去的他也一定要拖到最后时刻才强迫自己去做。所以往往出现很多失误和瑕疵，把自己的生活弄得局促不堪。

这两天赵野把自己关在房间里走来走去，原来他的惰性又把他害了。一周前班主任在班会上布置了任务，要求把班级板报和标语重新换一期，准备迎接学校的雷锋活动月“文明班级”评比活动。赵野主动接下了这个任务，但总是“今日复明日”地往后拖着，以为一星期的时间很充足，而办个板报换个标语用不了多长时间。所以班主任每次提醒他抓紧时间的时候，他都摸摸脑袋说：“明天的，明天就做，当天就能完成任务。”

时间就这样在赵野的“明天再说”中流逝了。眼看着离规定时间只有一天了，赵野终于发现再也推脱不了了。于是硬着头皮慌里慌张地勉强完成了任务，结果可想而知，这次的评比中赵野所在的班级名落孙山。同学和老师都没有责怪他，但是他自己觉得愧对整个集体。于是在下课后找到了班主任，向班主任承认了自己的错误，并说明了自己办事拖沓的毛病，希望班主任能够帮助他改正。

班主任认真地给赵野分析了他的这种惰性的来源和可能形成的后果。最后他给赵野出了个主意，就是每天早上起床以后就给自己列一张清单。这一天要做什么，什么时候是最后期限都列出来。然后按照单子上的去做，绝不把事情拖到最后一秒才去做。

回去以后，赵野按照班主任的方法每天列清单，并告诉自己今日事今日毕。一段时间之后，赵野的这种拖延和惰性改了很多。渐渐地同学们也不再叫他“赵明日”了。

给男孩的悄悄话

生活中，我们都会有这样一些经历：早上闹钟响了，想起床又告诉自己“再睡几分钟吧”，结果有可能会迟到；这个月需完成的学习任务要到下个月才完成；衣服堆得有味了才洗……

拖延使许多青春期男孩无数美好的梦想、计划变成幻想，使他们丢失了“今天”。

成功学创始人拿破仑·希尔说：“生活如同一盘棋，你的对手是时间，假如你行动前犹豫不决，或拖延行动，你将因时间过长而痛失这盘棋，你的对手是不容许你犹豫不决的！”拖延是行动的死敌，也是成功的死敌。拖延令我们永远生活在“明天”的等待之中，拖延的恶性循环使我们养成懒惰的习性、犹豫矛盾的心态，这样就成为一个永远只知抱怨叹息的落伍者、失败者、潦倒者。拖延是这样的可恶，然而却又这样的普遍，原因在哪里？

成功素质不足、自信不足、心态消极、目标不明确、计划不具体、策略方法不够多、知识不足、过于追求十全十美，这些都是原因。

其实拖延就是纵容惰性，也就是给了惰性机会，如果形成习惯，它会消磨人的意志，使你对自己越来越失去信心，怀疑自己的毅力，怀疑自己的目标，甚至会使自己的性格变得犹豫不决，养成一种办事拖拉的作风。

青春期男孩如何克服拖延、摆脱惰性呢？美国著名组织管理专家、效率大师斯蒂妮·卡尔帕女士，曾提出18种有效的方法，青少年朋友不妨一试：

1．承认拖延。

2．接受挑战。

3．列出所有的借口、拖延的后果。

4．纠正自己，避免去说“等到……”“暂时”这类的话。

5．把制订期限视为一种生活方式。

6．分而治之、积少成多，逐步完成。

7．不能做完的事不要开始，开始了就一定要做完。

8．保持整洁有序。

9．不要过分准备。

10．要果断坚决。

11．定出优先顺序以利于制订计划。

12．留意自己的精力周期，将冗长乏味的工作安排在你精力水平处于巅峰的时间段里完成。

13．把你的计划和做法告诉别人，尽力完成承诺。

14．果断迈出第一步。

15．一次只处理一个问题。

16. 不要三心二意。

17. 每完成一样工作或方案，就奖赏一下自己。

男孩成长手册

惰性是人的一种劣根性，为了做成某件事，必须与它抗争，超越这种劣根性的钳制。但是这种抗衡和超越不容易心甘情愿，一开始总要由一些外力来强制，进而才能逐渐内化为恒定的精神和行为习惯。如果想战胜它，勤奋是唯一的方法。勤奋不仅是创造财富的根本手段，而且是防止被舒适软化、涣散精神活力的“防护堤”。

第十一章 不学礼，无以立

——用修养打动他人

善于倾听收益多

学会赞美他人

用礼仪获取他人的好感

让步是一种修养

说话要注意对象

善待他人的批评与忠告

放低姿态，多向别人学习

善于倾听收益多

窦鹏在小组里很少发言，他的笔总是不停地在自己的本子上记录着什么，同学们在争论得不可开交的时候，他总是保持着急速的书写。所以大家都叫他“记录员”。他对这个称号也不抵触，同学们叫他“记录员”的时候，他都应着。

小组讨论结束之后，每个人都要写总结和报告，报告小组讨论的内容，还要在讲台上宣读小组讨论的内容和主要观点，还要面对其他组同学的提问。这是一项艰巨的任务，刚才大家光顾着争论的面红耳赤了，等讨论结束的时候才发现，自己都忘记了别人说的是什么，自己一直在努力推翻别人的论点，而忘记了要记录下不同的观点，何况还要对这些观点进行陈述呢。

很快就要到窦鹏的小组发言了，大家你一言我一语的商量谁该出马去讲台上发言，让发言最多的姜同学去？他除了坚持自己的观点以外早忘记了别人说的什么了，更别提让他评论别人的观点了。那别人呢，基本情况都差不多。他们都忘记了别人说了什么。

这个时候，窦鹏小声地说：“那我来吧。”他的声音很小，但是所有的小组成员都像看到了救星。

窦鹏拿着那个黑色的笔记本上台去了。其实，大家不只觉得解决了上台出丑的尴尬，还有点幸灾乐祸，因为，他们觉得小组里实力最差的就是不爱说话的窦鹏了。他们不太相信窦鹏能说出什么惊人的观点和论述来。

窦鹏开始陈述小组里讨论到的几个主要观点，并且对每个观点都做了自己的评价，评价都很中肯到位，同学们在台下频频点头。最后，窦鹏还总结了自己小组的结论。他没有像别的小组那样，把大家讨论出来的观点罗列在一起，而是找出了那些看似散乱的讨论话题的内在联系，找出了讨论的中心问题。

小组成员们开始对这个沉默的男生刮目相看了，原来，多听比多说更能表现自己。

给男孩的悄悄话

知道人为什么长了一张嘴巴却有两只耳朵吗？那是在告诉人们：要多听听别人在说什么。可青春期的男孩常常忽略这一点，习惯了让对方听自己的滔滔言语，而没有学会倾听。每个人都有渴望别人尊重或重视自己的愿望，而受到重视的最基本条件是愿意认真地倾听，所以当你自认为是理解朋友的时候，先得问问自己："我能专心地倾听朋友的话吗？"即使是一些平淡无奇的庸人之语，对说的人来讲，可能也是重要的。

愿意倾听别人，就等于表示自己愿意接纳别人，承认和重视别人。如果你能面带微笑，用一种专注而又迫切的眼神看着他，那会让人感觉你是欣赏他的。在这种氛围里，对方会充分地展现自己。如果你能善于让别人在你面前有一种强烈的表现欲，那你定能主动、积极地做个好朋友，做个好领导。如果一个职员向你提建议，即使开始还有点紧张，但你的倾听会使他马上感到放松和自信。倾听是一种无言的信任。

善于倾听的人总是善于理解和沟通的。当一个为成功而喜悦的人面对一个微笑着倾听的朋友时，他会感到这位朋友是理解他的，为他而高兴的。当一个因失恋而愁眉苦脸的人面对一个表情凝重而专注倾听的朋友时，他会感到自己的痛苦朋友能理解，虽然朋友可能没能提出如何重获爱情的好建议，但他已感到自己得到了一点心理安慰。

因为倾听，你能够很好地发现自身可能存在的问题和缺陷，有利于及时改正；因为倾听，对方能够看到你的真诚和细心，也会对你更加信任和友爱。如果男孩想要更好地表现自己，那就不妨静下心来仔细聆听吧，你一定会有意想不到的收获。

学会赞美他人

李彬兴冲冲地跑到小飞面前说："小飞，你的钢笔字真漂亮。我去交语文作业的时候看见你的字帖了。真好看！"

小飞腼腆地笑了。小飞刚从一个农村中学转来，对新学校还不太适应。他跟不上这个学校的学习进度，每天都为了学习的事情很自卑，觉得自己是个农村孩子，样样都不如城市孩子优秀。他很少和同学们打交道，每天就是闷在自己的座位上发愁。

李彬是个活泼的男生，平日里喜欢和大家说笑打闹的。他也发现了小飞每天闷闷不乐。小飞的成绩不好，可能是因为刚转学过来的原因，两边学校的进度也不一样。小飞也不爱和同学们玩，每天都独来独往的。

李彬去办公室交作业的时候发现了大家的字帖，最上面的是小飞的，他的钢笔字刚劲有力，真的很漂亮，不像自己的，歪七扭八，那些字好像都喝醉酒了一样。

所以李彬从办公室跑出来，直接找小飞来了。小飞听着李彬的夸奖很高兴。来了新学校之后，他觉得自己处处不如别人，学习跟不上大家的进度，他比大家晚了半个学期的课程，虽然每天放学后都补课，但是还是没跟上来。体育活动，以前在农村中学都是自由活动，哪有那么多足球篮球，现在自己体育也不行，什么都不会。音乐课？这是让他最头疼的课了，他唱歌就跑调，被同学们笑了好几回了。他觉得自己一无是处。现在被李彬这么一夸，他也觉得自己的钢笔字挺好看的，并且开始有了点信心，毕竟，自己也不是一无是处的。

小飞很快和李彬成了好朋友，他觉得李彬人很好，能发现他的优点，还经常和他聊天。李彬也发现，虽然小飞现在成绩不好，但他还是很刻苦的，也爱学习，抓住一切机会学新东西，而且也不怕不好意思什么的，遇见不懂的就问，问老师，问同学，每次都很认真，也很谦虚。受到表扬的时候，就会腼腆地笑。

小飞在日记里写下，是李彬的赞美点燃了他对新生活的向往，也点亮了他的希望，从李彬那里，他开始得到认同，他开始学着融入这个班集体。虽然他没有当面感谢李彬，但是在他心里李彬真的是他很重要的好朋友。

给男孩的悄悄话

男孩们，当你得到父母、老师、朋友的一句赞美或表扬时，心底一定非常舒适、欣慰，浑身似乎积聚了许多力量吧。

“良言一句三冬暖，恶语伤人六月寒。”我们要学会适时地给他人一句赞美。因为，赞美的力量是无穷的。

每个人都喜欢听赞美的话，被赞美时，心情会自然地轻松起来。如果说得好，会有利于双方的下一步交流。可如果说得不好，则会适得其反。

青春期的男孩在赞美他人时，要注意以下几点：

1．真诚而得体

对别人的赞美需要真诚，而真诚离不开真实，要恰如其分地赞美对方，必须符合事实。如果要在一些细微的地方赞美的话，更加需要对对方的工作、生活经历做一个大致的了解，以便准确地提出别人没能想到你会提及的细小之处，这样往往能收到“润物细无声”的效果。

2．赞美用词要得当

赞美的形成，在于一般双方都是面对面的，所以，内容上要具体，对象上要分明，有时尽管不直接涉及你所要赞美的客体，但对方早已心照不宣地知道你所指的是什么了。

同样，注意观察对方的状态也是很重要的一个过程，如果对方恰逢情绪特别低落，或者有其他不顺心的事情，过分地赞美往往会让对方觉得不真实，所以一定要注重对方的感受。

3．赞美不可过分夸张

赞美需要修饰，但是过分、太夸张的赞美就会变成阿谀奉承，让人感觉不到真诚，只留下虚浮和矫揉造作。

4．少说陈词滥调

一些人的赞美言辞中，充满了陈词滥调。如久仰大名、百闻不如一见、生意兴隆、财源茂盛等。在真诚赞美他人时应注意避免这些言辞。

5．在背后赞美

有时你当面称赞一个人时，他极可能认为那是应酬话、恭维话。而在背后说人好话，他会认为那是认真的赞美，毫不虚伪，于是真诚接受，并对你感激不尽。

6．不可冲撞别人的忌讳

几乎每个人都有自己的忌讳，每个国家和民族都有自己的忌讳。忌讳仿佛是永不结疤的伤痕，每个人都不允许别人侵犯它。赞美别人千万不可触及对方的忌讳，否则，极易造成交际的失败，引起他人的反感。

赞美别人是一种境界、一种涵养、一种素质；赞美别人是对别人的一种肯定、一种理解、一种尊重；赞美别人，既是一种给予、一种馨香，又是一种沟通、一种祝福。赞美又是对他人的认同，是对他人成绩的肯定和称赞，引起彼此的共鸣。

男孩成长手册

赞美别人并不费力，只要几秒钟，便能满足人们内心的强烈需求。看看我们所遇到的每个人，寻觅他们值得赞美的地方，然后加以赞美，并把赞美他人变成一种习惯吧！经常真诚地称赞他人的人，也一定经常得到他人的称赞。如果你想成为一个受欢迎的人，那就不要吝啬自己的称赞，带上自己的真心，收获对方的真诚。

用礼仪获取他人的好感

吴飞从小就被家人溺爱，养成了只顾自己的性格。一天，妈妈带吴飞去参加老同学聚会。用餐时，大人们推杯换盏尽情地聊着，吴飞却只看眼前的菜盘子。只见他伸着筷子，将喜欢吃的菜都夹到自己碗里，完全不管其他人。有位阿姨开了个玩笑说："这孩子胃口真好啊！"妈妈听了简直无地自容。

是呀，在家里吃饭这不算什么事，奶奶每次做了好菜都会让吴飞先吃。像三鲜虾仁这道菜，吴飞就专挑虾仁吃，奶奶还帮着他挑，直到把盘子里的虾仁挑得一个不剩才住手。现在虽说到了外边，可习惯已经成自然了，一时哪里改得过来。

妈妈凑近吴飞悄悄耳语几句，想让他收敛一点儿，可是吴飞根本就听不进去。他还很委屈呢：我不就吃个菜吗，在家也是这样吃啊。果然是习惯成自然，看来妈妈要纠正吴飞的坏习惯，还需要下不少功夫。

给男孩的悄悄话

吴飞没有礼貌，让妈妈感到惭愧，更给别人留下了不好的印象。古人说："无礼不能立。"中国是一个历史悠久的礼仪之邦，讲究文明是人们的处世之本。礼貌待人，反映着一个人的精神面貌和文化素质，是心灵美、语言美和行为美的和谐统一。

而今天，我们经常见到一些青少年缺少文明礼貌的行为：脏话连篇，随地吐痰，在一些公共场合旁若无人地大声喧哗，随手乱扔废弃物，买东西交款不排队，上公共汽车乱挤，等等。人们瞧见了会说："这孩子缺家教。"

在公共场合，青春期男孩需留心自己的言行举止，不可忽视。男孩们可注意以下几点：

1. 公开露面前，须把衣裤整理好。尤其是出洗手间时，最好与进去时保持一样，或更好才行，边走边扣扣子、边拉拉链、擦手或甩水都是失礼的。

2. 参加正式活动前，不宜吃带有强烈刺激性气味的食物（如葱蒜、韭菜、洋葱等），以免因口腔异味而引起交往对象的不悦甚至反感。

3. 在公共场所里，高声谈笑、大呼小叫是一种极不文明的行为，应避免。在人群集中的地方特别要求交谈者加倍地低声细语，声音的大小以不引起他人注意为宜。

4. 在众人之中，应力求避免从身体内发出的各种异常的声音。咳嗽、打喷嚏、打哈欠等均应侧身掩面再为之。

5. 公共场合不得用手抓挠身体的任何部位。文雅起见，最好不当众抓耳挠腮、挖耳鼻、揉眼、搓泥垢，也不可随意剔牙、修剪指甲、梳理头发。若身体不适非做不可，则应去洗手间完成。

6. 对陌生人不要盯视或评头论足。当他人作私人谈话时，不可接近。他人需要自己帮助时，要尽力而为。见别人有不幸之事，不可有嘲笑、起哄之举动。自己的行动妨碍了他人应致歉，得到别人的帮助应立即道谢。

7. 在人来人往的公共场所最好不要吃东西。爱吃零食者，在公共场所为了维护自己的美好形象，一定要有所克制。

8. 在大庭广众之下，不要趴或坐在桌上，也不要在他人面前躺在沙发里。走路脚步要放轻，不要走得咚咚作响，遇到急事时，不要急不择路，慌张奔跑。

9. 感冒或其他传染病患者应避免参加各种公共场所的活动，以免将病毒传染给他人，影响他人的身体健康。

10. 对一切公共活动场所的规则都应无条件地遵守与服从，这是最基本的公德观念。不随地吐痰，不随手乱扔烟头及其他废物。非吐非扔不可，必须等找到垃圾桶后再行动。

男孩成长手册

即使你是率直、不拘小节的人，对别人说话时也应尽量注意礼貌及谦和的态度，经常不忘以诚恳的口吻说“请”“谢谢”“对不起”“麻烦您”“抱歉”“请原谅”等谦让语，必定使你待人处世更加顺利成功。

让步是一种修养

刘杰与朱强是同桌，他们两个人很有共同话题，经常在一块讨论问题，商量题目。可是今天两个人看起来都气呼呼的，彼此不理睬。

原来早上的时候，语文课上学习了《鸿门宴》，两人都是“三国迷”，想到鸿门宴上剑拔弩张的气势，二人都兴奋不已，下课了，两人还在讨论。

刘杰说：“刘邦真险啊，幸亏知人善任，而项羽优柔寡断，是有勇无谋的莽夫。”朱强道：“怎么能说项羽是莽夫呢？只能说明他大度，有人情味。哪像刘邦这么奸诈狡猾？”

“有人情味？坑杀20万秦兵，残忍地屠杀咸阳城的百姓，这样的人你还说他有人情味？你是从哪看出来的？有人情味会输给刘邦？”刘杰一连串地反问道。

朱强不服气了：“项羽骁勇善战，和虞姬的爱情感天动地，比起六亲不认的市井小民刘邦来说，项羽才是真正的英雄。”

“真可笑，一个残暴的武夫竟然被你视为英雄，而真正的枭雄却被当作市井流氓，你的眼光还真是异于常人啊！”刘杰讥讽地说。朱强真生气了：“就你正常，你眼光多好啊，一个男生还用卡通笔，有意思！”

两个人都生气了，脸涨得红红的，声音越来越高。很多同学都开始往这边看。在争执的过程中，两个人都说了很多难听的话。

本来只是单纯的讨论课文，因为对历史人物的评价不同而引发了一点争执，争执到后来竟然变成了人身攻击。

坐在一块，彼此不说话是很别扭的。其实刘杰特别想和朱强和解，高中生活本来就很压抑，要是和同桌都不说话那就更憋闷了。可是每次想和朱强说话，就会想到同桌在争执中说的话很过分，想到这里便打消了和解的念头。

朱强也在想，明明就是在聊天，各自的观点不同罢了，观点本身没有对错。为什么两个人非得争个高低，要是当时两个人各自退一步，就不会有现在这么尴尬的局面了。

给男孩的悄悄话

生活中，青春期男孩与人发生争执时，要懂得后退一步。所谓“退一步海阔天空”，不无道理。懂得退步，才会有更大的收获。

要善于发现别人见解的正确性，只有这样，才能多角度地看问题，就会发现固守自己的思维定式，有时显得多么的无知和可笑。因此，无论何时都要注意，别听到不同的观点就怒不可遏。通过细心观察，你会发觉，也许错误在你这一边，你的观点不一定都与事实相符。 人际交往中，让步是一种常用的处理问题的方式，它不是懦弱的表现，而是一种修养。让步其实只是暂时的、虚拟的退却，为进一尺，有时就必须先做出退一寸的忍让。主动让“道”是一种宽容，是在人际交往中有较强的相容度。相容就是宽厚、容忍、心胸宽广、忍耐性强。

曾有一位青年与长辈发生争执，结果不欢而散。后来，他说："真希望这件事情从未发生过。假如我稍微有点警觉性，觉察到他对这个话题多么敏感，很可能就会婉转地说：'我们看法不同，那也没什么。'这样就可以避免发生不愉快。"

凡有争论，双方几乎都各有言之成理的论点，因此，如果你显然无法令对方改变心意，对方也显然无法说服你，就应该立刻罢手。切记"一言既出，驷马难追"，以免造成无法补救的伤害。

想避免出现僵局，一种有效的办法是说句"我们两人都是对的"，然后再转向比较安全的话题。学会倾听不同的意见，控制你的脾气。与人谈话时先听为上，给对方机会，不要急着抗拒、防护或争辩。尽量在交谈中寻找双方的共同点。有错了，就主动承认，并道歉。

不管什么情况，无谓的争执简直就是浪费时间。青春期男孩要注意，在生活中尽量少与人争。时间才是最宝贵的，与其花时间在与人争执上面，不如多看书、多运动，这才是青春期男孩应该做的。

男孩成长手册

有争执时，让步是一种修养。社会中，人与人之间应相互理解、相互尊重，尤其是在与人讨论、交谈时，对于别人的见解，我们不应轻易否定，即使其见解与你相左。如果能够做到理解别人、体贴别人，那么就能少一分盲目。青春期男孩更应放下内心的浮躁，将与人争执的时间用在更有意义的事情上面。

说话要注意对象

小硕和宋阳在同一个班级读小学六年级，两个人是好朋友，经常在一块写作业、下跳棋。由于两个孩子经常在一起，双方的家长也都很熟了。

今天，小硕的妈妈接到宋阳妈妈的电话，说小硕总是笑话宋阳，说他长得胖，还长青春痘。现在宋阳一照镜子就唉声叹气的，也不愿意出门。

小硕妈妈觉得很奇怪，小硕心地善良，在学校也很团结同学，怎么会笑话好朋友呢？妈妈打算等小硕放学回家后，好好问问他。

“小硕，宋阳最近怎么没来家里玩啊。”小硕一进门妈妈就问道。小硕说：“宋阳这几天心情不好，放学后就一个人走，也不理我，等明天我问问是不是出什么事情了。”

“那你有没有说过宋阳很胖、长青春痘之类的话啊？”妈妈小心地问。小硕着急地说：“没有啊，宋阳是很胖，也长了很多痘痘，可是我从来没有说过他。”妈妈放下心来：“那就奇怪了，宋阳怎么会误会你笑话他呢？”

“啊，不会是我说自己胖了，也开始长痘了，他误会是说他吧？”小硕大喊道。

原来是这样的，周三下午放学的时候，小硕和宋阳走在一起。小硕向好朋友抱怨说自己最近长胖了很多，连肚子都鼓起来了，还抱怨脸上长讨厌的青春痘。

“我现在又胖又丑，怎么办，好烦啊！”小硕叽叽咕咕一路，平时爱说的宋阳却没怎么说话。宋阳是班里公认的小胖子，最近脸上长了很多红色的青春痘。

“你怎么可以在宋阳面前抱怨自己长得胖，还有青春痘呢？这样宋阳心里会很不舒服，觉得你是在嘲笑他。”妈妈明白问题出在哪了，“本来，宋阳就因为自己胖挺自卑的，现在误会连好朋友都笑话他，更自卑了。以后说话要分对象。”

小硕觉得很惭愧，他没有想到，因为自己说话不得体而给好朋友带来了这么大的伤害，明天上学的时候一定要跟宋阳好好解释。

给男孩的悄悄话

俗话说：“到什么山唱什么歌，见什么人说什么话。”青少年在说话时，一定要看清对象。说话不看对象，往往会给他人留下坏印象，甚至伤害他人。

在日常生活中，对同辈人与对长辈（或上级）、对陌生人与对知己、对不同性别的人说话都应讲究分寸，考虑到听者的接受程度。

具体而言，青春期男孩开口说话前应该注意以下几点：

1．注意对方的身份

说话一定要注意对方的身份，对老师要尊敬，对同学要有礼貌，否则的话，会制造很多不必要的麻烦。

2．注意对方的特点

鬼谷子曾说，和聪明的人说话，须凭见闻广博；与见闻广博的人说话，须凭辨析能力；与地位高的人说话，态度要轩昂；与有钱的人说话，言辞要豪爽；与穷人说话，要动之以利；与地位低的人说话，要谦逊有礼；与勇敢的人说话，不要怯懦。

3．注意年龄

青少年、中年人、老年人经历不同，志趣各异，心态不同。我们与人谈话时，应考虑哪些该谈，哪些不该谈。

4．注意文化程度

一个人的文化教养与理解话语的能力密切相关。这就要求说话时要善于根据对方知识水平而选用合适的话语表达。如果不看对象，随意用词，就不能取得预期的交流效果。

比如，古代有个读书人上街买柴，见一卖柴人，便喊："荷薪者过来。"卖柴人因对"过来"两个字眼很明白，就走了过来。秀才问："其价几何？"卖柴人听了一个"价"字，便说了价钱。秀才嫌贵，摇头晃脑地说："外实而内虚，枝多而烙少，请损之。"那卖柴人根本不知道他在说什么，挑起柴担就走开了。

一般来说，对于文化程度低的人所采用的方法应简单明确，多使用一些具体的数字和例子、大白话、家常口语；对于文化程度高的人，则可以多用较典雅的语言，或采取抽象的说理方法。

5．注意他人的心境

同一个人，心境不同对言语反应也不相同。情绪好的时候，别人即使对他说些不中听、不得体的话，他听了就听了，表现出随和性；情绪不好或心烦时，自己不愿意多说话，更不爱听别人唠唠叨叨，听到一句不顺心的话就会起急，甚至莫名其妙地对人发火。

清代朱柏庐在《治家格言》里说："莫对失意人，而谈得意事。"这是说，对一些人说来是最不得意的事，不愿意别人提起的事，有些人却提了，这等于揭别人的伤疤，其内心的痛苦是不言而喻的。

男孩成长手册

我们说话的对象是社会上形形色色的人，他们年龄、性别、性格、脾气等各不相同。他们各有不同的思想认识，各人所处的地位不同，对同一事物的理解是有差异的，说话的分寸也就要根据各种人的地位、身份、文化程度、语言习惯来做不同的处理。

善待他人的批评与忠告

高一（2）班的全体同学利用周末的时间，去市里的夕阳红养老院看望那里的爷爷、奶奶，并帮助工作人员打扫整个养老院的卫生。

全班同学干得热火朝天，不怕苦不怕累，洒水扫地，擦窗户，倒垃圾，忙了一个上午。忙完之后，还给爷爷、奶奶读报、聊天，帮他们按摩，梳理头发，大家都很积极认真。可王文却发现高大强壮的李琛却从来不动手打扫卫生，看见女生那么吃力地抬着一大筐的垃圾，也不帮忙，上午只陪着爷爷下棋。大家干得那么累，可他却在树荫下乘凉。王文对李琛很有意见，亏他还是班干部，怎么能这样呢？

在回来的路上，心直口快的王文再也忍不住了，对李琛说："作为一名班干部，你今天的表现太让我失望了，在大家那么辛苦劳动的时候，你却拈轻怕重不参加劳动。你说说你今天都干什么啦？看见女生那么辛苦，也不前去帮帮忙，你好意思吗？我都替你脸红。"李琛认真地听着，并没有反驳，当王文数落完后，李琛只是轻声地说道："好的，下次我一定会注意的。"

在一旁的班长吴健听到了他俩的谈话，忙跟王文说："你还不知道吧！昨天傍晚我和李琛几个人在打球的时候，李琛不小心摔着了手，我劝他今天不要去养老院了，在家好好休息，可他还是坚持来了，陪爷爷下棋，陪奶奶聊天，给他们带来了很多的欢乐啊！"王文听后，低下了头，不好意思地说道："对不起，我不知道情况，就说你的不是了，希望你能原谅我。"李琛笑着说道："没什么，不要放在心上，今天我也做得不够好。"

王文和李琛会意地笑了笑，高兴地回学校了。

给男孩的悄悄话

“金无足赤，人无完人”。我们应该善待他人的批评、忠告，因为剔除少数无用的、恶意的之后，大部分意见常常比我们对自己的看法中肯得多。一味地掩饰、为自己辩护，是不可取的。

罗伯·赫金斯是个半工半读的大学毕业生，当过作家、伐木工人、家庭老师和卖成衣的售货员。现在，他已被任命为美国著名大学——芝加哥大学的校长。

在他成功以后，一些批评也接踵而至，许多人反对他当校长，并举出理由说：他太年轻了，经验不足，教育观念不成熟，学历不够高……

罗伯·赫金斯和他的家人对这样的批评并不在意，反而更加自信。就在罗伯·赫金斯就任的那一天，有一个朋友对他的父亲说：“今天早上我看见报上的社论攻击你的儿子，真把我吓坏了。”

赫金斯父亲的回答似乎更为坦然一些，他说：“不错，话是说得很凶。可是请记住，从来没有人会踢一只死了的狗。”

可见，拥有自信、达观的心态，你才不会被指责、批评击倒。

生活中，青春期男孩面对批评时，可以按下面的原则去处理：

1. 不要跟一个感情冲动的批评者争论，不要去指责对方言语中的失误或失实。因为有时对方前来，只不过是要发泄一下不满情绪。他想提出的要求，分明无法做到，也不是你个人的过失，此时你若与之相争，则会使问题变得更糟。

2. 尽量使来者坐下面谈，这样可以大大缓和紧张的氛围。给对方沏杯茶会更加减少其单纯的不满情绪，也使自己免受刺激。

3. 别表现出强烈的厌烦，更不要愤然拒绝批评而离去，这会显得你没有肚量，即使是“过分”的指责，你也应耐着性子听完。

4. 无论如何别打断对方的讲话，相反要鼓励对方把话说完，这可以更有效地使对方变得平静，而你也可以心平气和。

5. 绝不要在未听完对方的指责之前就表态，但面对情绪激动的来者一再表示道歉，常可使对方反而语塞。

6. 换一句话把对方的意见说出来，表示你不仅认真听了他的指责，而且态度诚恳。如此则不论你是否准备接受对方的批评，都会使之感到满意。

男孩成长手册

"忠言逆耳利于行"。对于别人的意见，心胸狭隘的人可能会把它看成是包袱，而心胸宽广的人则把它看作是提高和充实自己的机会。对于批评，我们还应有一份冷静、一份坦然，不必因其猛烈、苛刻而终日忧虑不堪。

放低姿态，多向别人学习

耀祖今年暑假要回姥姥家过。姥姥家不在他们居住的这个城市，而是在一个很偏远的小山村里。那个村子到现在还没有通公共汽车，也就是前两年刚有了电视。可以想象那个地方和耀祖长大的城市环境是多么的不一样。

耀祖的心里并不想去，但是妈妈坚持要耀祖回去陪陪姥姥，他只好同意了。

山村的生活很简单，每天都是日出而作，日落而息，简单而且安详。耀祖没有了小伙伴，没有了电脑，除了照顾姥姥的起居就是坐在院子里发呆。每天早晨都能听见远处传来悠扬的笛声。他决定去看看究竟。

到了山坡上，他看见了吹笛子的老人，那是一个干瘪的老头，枯瘦如柴，他和那个老爷爷攀谈起来。老爷爷说的是方言，耀祖只有很认真地听，才能勉强听明白80%，但是他觉得老爷爷是个很有意思的人。他的脑子里装了很多古老的传说。除了女娲补天是耀祖听过的，其他的都是他之前闻所未闻的传说和故事。

以后每天耀祖安顿好姥姥之后，就去山坡上听老爷爷讲故事，一个暑假过去了。耀祖的小记事本里写满了各种各样的神话和传说。他心满意足地收拾背包回学校了。他要把这些故事都整理出来，让大家知道，原来大山里还藏着那么多美好的传说。

回到家里，妈妈问他最大的收获是什么，耀祖拿出了自己的小记事本，谈起了这些故事的来源："我每天在院子里都会听到悠扬的笛声，就循着笛声找到了吹笛子的老爷爷。我一看到他又老又瘦，干巴巴的，顿时失去了兴趣。想着这么个乡村的老爷爷不过也就是从哪学了笛子，天天出来玩。后来交谈的时候才发现他真的很博学。他应该是个博士才对。他知道那么多的神话和传说，还能记得那么清楚。我用笔跟着记都记不了那么全呢！"

看着儿子眉飞色舞的讲述，妈妈会心地笑了。

给男孩的悄悄话

每个人的知识体系都不可能非常完备，再优秀的人也会有缺陷，我们要想让自己的知识丰富，学问过人，就必须放低姿态。像耀祖那样做到不耻下问，全面吸纳知识，才能使自己的学问达到一个新的水平。男孩子们要注意纠正自恃才高、不屑于问，或者害怕麻烦别人而不好意思问的坏习惯。

任何东西都不是完美无缺的，就算世上最美的玉石也有斑点，我们每个人也同样有这样或那样的缺点。俗话说：尺有所短，寸有所长。我们只有正确认识到自己的缺点，发现别人的优点，才能不断地向别人学习，弥补自己的缺点，发挥自己的长处，取得更大的进步。在学习中，我们越能发现别人的优点，就越能虚心求教，向别人学习。

对于做学问而言，如果说"学"占了50%的话，那么另外50%就是"问"。其实在我国几千年的文化发展史中，许多大学问家对于"问"早就给予了足够的重视。孔子的"不耻下问"，大家想必都非常熟悉，后来还有"有疑而不问，非真能好学者也"等都是对"问"的重要意义的论述。

那么，我们该怎样去"问"呢？

首先我们要通过自我提问把问题找出来，比如问"为什么这么做呢？”“还有更好的解法吗？”……若自己答不出来，就要把它记录在问题记录本上去找别人解答。“问”的另一层含义是善问，许多男孩对“问”有心理障碍，其实，我们完全可以利用上课前、课间休息、骑车回家的时间，一起讨论几道题，这样，既能增进交流又可解决问题。别怕提出简单问题，简单的问题要么蕴含深刻的道理，要么反映了你学习上的缺陷，所以“问”时一定要让脸皮“厚”起来。

我们还可以在同学之间开展讨论，这种方式对于解疑是十分有用的。可以设想，即使我们每天只解决一个问题，长期坚持下来，获得的新知识也是无法计算的。好问，对于学习是非常重要的。学习中，对于自己的疑问、不会不懂的知识，一定要敢于问、及时问、认真问，发现了问题，通过别人的帮助获得解决，这就是学习上的进步，就是一种有效的提高。

我们每个人都有自己独特的学习方法，所以同学之间就会有比较大的差异。你要在了解自己特点的基础上，发挥自己的优势，这样才能最大限度地提高自己的能力，缩小和别人之间的差距。

英国文学家肖伯纳做过一个著名的比喻。他说：“倘若你有一个苹果，我也有一个苹果，那么你和我仍然是各有一个苹果。但是，倘若你有一种思想，我也有一种思想，而我们彼此交流这些思想，那么，我们每个人将各有两种思想。”也就是说如果几个人在一起交流自己的知识，就会促进每个人多学到一点东西。通过交流，每个人很可能得到一个，甚至几个金苹果。

男孩成长手册

孔子说：“三人行，必有我师。”这就说明了，其实身边的每一个人都有值得自己学习和请教的地方。所以，我们不要顾忌面子，要多问多想，才能够更好地增进自己的知识。即使你是班上某科成绩最棒的一个，你也不可避免地会有一些疏漏，这时不妨请教一下其他同学，这样不仅能够互相提高学习，而且还可以增进彼此之间的感情。

第十二章 个人魅力征服世界

——打造完美品质

内心的成熟才是真正的成熟

快乐的人越快乐

把控情绪，每天保持好心情

设身处地为他人着想

保持谦逊

人无信不立

加强自制力

用优雅的风度虏获心灵

内心的成熟才是真正的成熟

短跑成绩出来了，李厚泽不是第一名。他屈居第二，第一名是他的好友马宁。李厚泽把自己的外套甩在身后，头也不回地离开了运动场，马宁收拾好自己的东西再喊他的时候，他早已经走出了操场。

李厚泽很不高兴，因为一般情况下，他都是短跑组的第一名，马宁的素质虽然也不错，但是从来不能超越他。他们一起训练，一起吃饭，一起参加比赛，周末的时候还经常一起出去玩，但是，这回他非常地不想理马宁。

李厚泽是个争强好胜的人，这一点短跑组的人都知道，曾经有一个队友一次成绩和他齐平了，他就有事没事地想排挤人家。现在他的好朋友不仅赶上了他，而且超过了他，队友们都为马宁捏了把汗。

李厚泽看见马宁就头疼，你比我强，比我成绩好，我都落败了，我不想跟你一起训练，看见你我就难受。李厚泽每天都这样想，也就疏远了马宁。马宁每次想主动地接近李厚泽，他都会迅速地逃开。两个好朋友之间的关系一下子变得很冷漠。

李厚泽倒是没有自暴自弃，他每天更刻苦地训练，比以前的训练强度要大很多，训练的时间也比以前长了。

教练把这些都看在眼里，也不说什么。等到第二次全组测验之前，才把他俩都叫到了办公室。教练说："你们俩的成绩最好，关系也最好。现在发生了什么事，我都知道。厚泽想赢没错，马宁超过你了也没错，你们都代表着咱们队最高的水平。竞争是好事，但是，为了你高我低，就撕破脸，不说话了。值得吗？"

教练严肃地看着李厚泽，他知道这个孩子的身体素质好，也很刻苦，他一心求胜，竞争意识很强，但是他也太争强好胜，这个特点迟早会影响他的训练成绩，所以教练打算借这个机会好好矫正一下他的思想观念。

给男孩的悄悄话

俗话说：人外有人，山外有山。一个出色的男孩在一个小环境里非常优秀，但是走出了这个环境，他还是最强的吗？答案毋庸置疑，不一定。如果在一个团体活动中，男孩子表现得过于争强好胜，就会把别人的热情给掩埋，一场热烈的团体活动如果只有他一个人在表演，这场“独角戏”是唱不了多久的。只有你放低自己，让别人意识到你的长处时，才能共同进步，出现一团和气的景象。

所以，男孩一定要知道好胜心要有，但是不能过度。如果你一直争强好胜的话，就会养成和其人比较的习惯，由于害怕别人超过自己而去努力，生活就会失去很多乐趣，因为一切的付出都是在一种压力的状态下进行的。这样的生活，即便自己成为了最好的，甚至是唯一的，又能如何呢？你最终体会到的只是“高处不胜寒”的孤独和无奈。

孔子说：“过犹不及。”任何事情都要坚持一个度，因此男孩要控制自己的好胜心，快乐地成长。不要总是把别人当作参照物，而应该是以吸取别人身上的优点来弥补自己的不足为目标。青春期的男孩需要明白，每个人都有自己的强项和弱项，凡事不应过于强求，这样才不会影响自己的心情和生活。

男孩成长手册

人的精力是有限的，人无完人，不可能处处比他人强。争强好胜的心态是好的，能激励男孩积极向上，但是这种好胜心过了头就会给生活带来一定的不便。其实好胜心过强也是内心不成熟的表现，真正的成长必须是内心的成长，摆好心态，做成熟的男孩。

快乐的人越快乐

小寒的爷爷每天坐在加油站外面的椅子上，向开车经过镇上的人打招呼。

一天，小寒和爷爷坐在外面闲谈，看见一位长得瘦高，背着大包，看来像个游客的男人到处打听，想要找地方住下来。

陌生人走过来说："这是个怎样的城镇？"

爷爷慢慢抬起头回答道："你来自怎样的城镇？"

游客说："在我原来住的地方，人人都很喜欢批评别人，邻居之间常说别人的闲话，谁也瞧不起谁，总之那地方很不好住。我一点儿也感受不到快乐。"

爷爷对陌生人说："那我得告诉你，其实这里也差不多。"

过了一个小时，一辆载着一家人的大卡车在这里停下来加油。车子慢慢驶进加油站，停在小寒和爷爷身旁。母亲带着两个小孩子下来问哪里有洗手间，爷爷指着一扇门，上面有根钉子挂着扭歪了的牌子。

这时父亲也下了车，问爷爷说："住在这市镇不错吧！"

坐在椅子上的爷爷反问道："你们原来住的地方怎么样？"

中年人说："我原来住的城镇每个人都很善良，人人都愿帮助邻居。无论去哪里，总会有人跟你打招呼，我们在那里很快乐！"

爷爷脸上露出和蔼的微笑，回答说："其实这里也差不多。"然后那家人回到车上，说了声谢谢，挥手再见，驱车离开了。

小寒不解地问爷爷："为什么您告诉第一个人这里一点儿也不好，却告诉第二个人这里很好呢？"

爷爷慈祥地看着孙子的双眼说："不管你搬到哪里，你都会带着自己的态度，那地方是好是坏，全在于你自己！"

给男孩的悄悄话

悲伤的人总是以悲伤的态度回忆过去，而且越回忆越悲伤，还把这种态度带到了新的生活中，而快乐的人则总能看到美好的一面，越回忆越快乐，并且把快乐的态度带给了新生活，这是什么原因呢？

要回答这个问题，先要明白心理学上的一种现象：状态依赖记忆。即你目前处于何种情绪状态，会影响你的记忆内容和方向。因为人在大脑中搜索记忆，必须要依赖一根导火线，以便找出记忆中相同状态的旧事。人在回忆的时候会产生一种"一致性压力"，驱使人调整记忆方向，与现在的想法、情绪、感受趋于一致。也正是因为这个原因，快乐的人比较容易忘记那些不愉快的事，而回忆那些愉悦的事情。因此快乐的人会越快乐。同理，悲伤的人会越悲伤。

这种心理现象足以解释为什么有的人总是高高兴兴的，每天都能感受到无尽的乐趣，也总能给大家带来快乐。而有的人则很伤感的样子，总是莫名地皱眉头，性格孤僻，不怎么合群。

男孩成长手册

没有心事的男孩很少，大多男孩还都会遇到各种各样成长的烦恼。青春期男孩应放松心态，多体会生活中的美好。也可以为自己准备一个"快乐记事本"，将生活中那些快乐的事情、感动的事情、鼓舞的事情记到这个本子里，用心地记下美好的回忆。

把控情绪，每天保持好心情

周辉的妈妈生病住院了，爸爸一边忙工作，一边照顾妈妈，十分辛苦。为了不让爸爸那么辛苦，周辉放学后主动承担起了照顾妈妈的责任。

周辉一天到晚都是家里、学校、医院三地来回跑，整个人显得十分疲惫。时间一天一天过去了，妈妈的病情没有任何好转，看着消瘦的妈妈，周辉的心里十分难过。原本活泼可爱、性格外向的他，自从妈妈生病后，就像变了一个人一样，变得郁郁寡欢，不爱说话，情绪低落。

班主任李老师得知这一情况后，找到了周辉，关心地询问他妈妈的病情，亲切地说道："你现在是家中的男子汉，妈妈病了你承担起了照顾妈妈的重任，这就是男子汉的表现。你要给妈妈力量，鼓励妈妈战胜病魔，要用你积极乐观的态度去影响妈妈，这样妈妈才会有更多的勇气，你说是不是？"

"李老师，那我该怎样去做呢？"

"虽然现在我们不能从经济上帮助家里，但我们可以从精神上帮助妈妈啊！每天要面带笑容，带着一份轻松愉快的好心情，去医院照顾妈妈，让妈妈感受到你的快乐，这样妈妈也会很快乐的，心情好了，病也就好了一半了。"

在李老师的启发下，周辉每天带着一份轻松愉快的心情去医院照顾妈妈，告诉妈妈今天在学校或者在来的路上发生或看见的趣事，妈妈听后开怀大笑。肃静的病房里，传来了母子俩清脆的笑声。

同学们又看到以前那个活泼好动的周辉了。

给男孩的悄悄话

生活中，很多青春期男孩总是掌控不住自己的情绪，常为一点小事而坏了心情，或不管三七二十一乱发脾气，结果搞得场面十分难堪，还会给周围的人带来很大的伤害。

著名的石油大王洛克菲勒曾经在法庭上接受一个律师的盘问。律师拿出一封信问洛克菲勒："先生，你收到我寄给你的信了吗？你回信了吗？"

"收到了！"洛克菲勒回答他，"没有回信！"

律师又拿出二十几封信，一一询问洛克菲勒，而洛克菲勒都以相同的表情，一一给予相同的回答。律师实在控制不住自己的情绪，暴跳如雷，不断咒骂。

最后，洛克菲勒胜诉！因为该律师因情绪的失控而让自己乱了章法。

可见，情绪乱了，你的理智、言行也会乱如麻团。

情绪是人对事物的一种表面的、直接的、感性的情感反应。它往往只从维护情感主体的自尊和利益出发，不对事物进行复杂、深远和智谋的考虑，这样的结果，常使自己处于很不利的位置或为他人所利用。人常常以情害事，为情役使，情令智昏。以情绪做事，结果一般不会很理想。

在现实生活和工作中，很多人却常常依从情绪的摆布。比如，因一句无足轻重的话，我们便可能与人打斗，甚至拼命。诗人莱蒙托夫、普希金与人决斗死亡，便是此类情绪所为。还有很多因情绪的浮躁、不理智等犯的过错，小则误人误己，大则失家失国失天下。事后冷静下来，自己也会感到其实这些是可以避免的。这都是因为情绪的躁动和亢奋，蒙蔽了人的心智所为。各种斗争之中，人们有时也会故意使用一些"激将法"，来诱使对方中计。所谓"激将"，就是刺激你的情绪，让你在情绪的躁动中，失去理智，从而犯错。因为人在心智冷静的时候，大都深思熟虑，很少出错。

男孩成长手册

青春期男孩要学会给自己的心情照照镜子，让它更快乐一些。控制情绪的方法有很多，比如听音乐、种植花草、打扫和整理生活环境，等等。青春期的男孩们不妨一试，也许会取得意想不到的效果哦！

设身处地为他人着想

杨博超是高一（2）班的体育委员。他现在正在苦恼运动会的报名。别的班报各项比赛都是异常火爆，只有他们班冷冷清清，没人愿意参加运动会。体育老师把他批评了一顿，说他的动员工作没有做好。他所在的班级是实验班，也就是全校成绩最好的同学组成的一个班，虽然现在不过是高一，但是大家都拼命挤时间学习，谁都不愿意参加这种浪费时间的活动。他非常理解，但是，运动会还是要有人报名，他磨破了嘴皮子，也劝不动大家。

他只好硬着头皮又站到了讲台上，“同学们，大家稍微给我点时间，容我再唠叨两句。运动会，咱们班的名额还有好多，请各位踊跃一些吧。否则咱们班就会被取消参加运动会的资格。”他为难地看着大家，大家依然在埋头演算，没有人理他，只有很少的几个人抬起头。

“我知道，大家都是为了珍惜学习时间，不浪费宝贵的时光，才没空参加运动会的。但是，运动会可以让其他班的同学看到我们班同学的风采嘛，我知道其实有很多同学都是很有实力的。即使我们不参加项目，开运动会的那几天，大家也都要坐在操场看台上，与其看着别班的同学在那里拼搏，我们都无聊地坐着，还不如咱们也为自己的同学加油好呢。希望大家能够再考虑考虑。”

这个时候，已经报名的一个男生站起来了，“其实博超每天被体育老师批评，就因为咱们班不积极。大家就稍微停一下，尊重他一下，为了班里的荣誉，也为了咱们自己锻炼身体，咱们就支持一下他。即使最后咱们班在运动会上拿不到好成绩，至少咱们努力了。”

杨博超就差眼泪汪汪地感谢他了，大家也被杨博超和那个同学的话触动了，他们突然发现，讲台上的体育委员，不是在为了显示自己而强迫他们。他也很理解大家抓紧时间学习的心情，感动开始在班里蔓延。

第二天，杨博超来教室的时候发现了一张张字条，是一个个名字和所报的项目。他感动极了，还有个同学，写了短短的留言：“如果我是你，我可能会跟咱们不争气的同学发火，我会暴躁，甚至强行地写上名字，凑够人数。但是你没有，虽然你是学生干部，你没有那么强迫我们做什么。我就尽我微薄的力量吧！为了2班，加油！”

给男孩的悄悄话

换位思考是人对人的一种心理体验过程。它客观上要求我们将自己的内心世界与对方联系起来，站在对方的立场上体验和思考问题，从而与对方在情感上得到沟通，为增进理解奠定基础。

春秋时期，管仲和鲍叔牙是一对好友。两人合伙做生意，管仲少出资而多分利，鲍叔牙知道管仲是为了奉养老母，而不是贪心；鲍叔牙听取管仲谋策，遭到失败，鲍叔牙认为是时机不对，而不是管仲无能；管仲三次被罢官，鲍叔牙认为是君主不明，而不是管仲无才。管仲三次打仗三次逃走，鲍叔牙说他不是胆怯而是因为家有老母无人照顾；最后管仲辅佐的公子纠兵败被杀，别的臣子都自杀殉主了，管仲却宁可躲进囚笼受辱，鲍叔牙说他不是无耻贪生而是忍辱负重以成就宏图大志。

像鲍叔牙这般将心比心、善用换位思考的朋友，实属难得。无怪乎管仲慨叹：“生我者父母，知我者鲍子！”

换位思考的实质是对交往对象的切身关怀，深入对方的内心世界。它是一种理解，也是一种关爱。建立在换位思考基础上的相互理解和关爱能够很好地促进彼此间的团结与合作。

立场不同，所处环境不同的人很难了解对方的感受。因此对别人的失意、挫折、伤痛，不宜幸灾乐祸，而应有关怀、了解的心情。

只有理解他人，才能与人为善。如果我们不懂得欣赏他人，就难以接纳和理解他人，更谈不上奉献爱心。青春期男孩在与人相处时应增加了解，增进理解，少点误解，多点谅解，多一点友善，多一份爱心。

理解别人，并能够从对方的立场设身处地地去为他着想，重视不同个体之间的差异，以及不同人眼中看到的不同的世界，这样做的男孩才能真正做到虚怀若谷，避免由于偏颇造成失败。

同时，要想与他人进行团结合作，也需要自己常“换位思考”。只有彼此之间多了换位后的理解和关爱，才能在彼此的合作中真正地为对方设想，出现问题的时候才能够冷静客观地兼顾对方，这样的合作才能有更高的效率，也才更稳固。

男孩成长手册

尝试着站在对方的立场上关爱对方，了解他人的真实处境，切身地感受他人的喜怒哀乐，这样才有助于自己成为一个真正受欢迎的朋友与合作伙伴。

保持谦逊

一个月前，严旭在历史考试中得了98分，一个月后，严旭的卷子上写的是一个鲜红的80分。退步的幅度让严旭有些接受不了，他拿着卷子左看右看，最后发现错的题都太不应该。

放学后，严旭战战兢兢地把卷子递给妈妈。“……错了的，其实都会的，太粗心了……”“粗心可不是主要原因”，妈妈摇摇头，“记得上回考98分的时候你怎么说的吗？你说，历史多简单啊，根本不需要使劲。这80分就是后果。当你一直给自己暗示说，历史很简单的时候，你就自然忽视了细节了。所谓粗心，本是可以避免的，只是你给自己惰性了。这惰性，其实就是你的骄傲自得啊！你仔细想想，一张98分的卷子，能代表什么呢？一次考试只是你这一阶段还算认真，这次考试还算严肃对待罢了。要说实力，周围考95分、97分的同学，都不输于你啊。”

严旭低下头，不敢吱声了。“我知道……上回考完，太得意忘形了，这个月也没太认真，该记的没好好背……所以……”

“认识错误就好，一个人要是太容易满足现状，就容易下滑。你想啊，一个在攀登的人，如果他总是想着，这个高度就够了，那手一松，不就立刻坠下去了吗？而他要是一直告诉自己，‘还是不够，还是不够’，那他就能继续奋斗，对不对？”

严旭点点头。要想继续往上攀爬，就要知道，学无止境。

给男孩的悄悄话

古人云：“满招损，谦受益。”一个谦逊的人，懂得人生无止境，事业无止境，知识无止境。

为了启发人们谦虚处世，俄国作家列夫·托尔斯泰也打了一个很有意义的比方：“一个人就好像是一个分数，他的实际才能好比分子，而他对自己的估价好比分母，分母越大，则分数的值越小。”

一个人不管自己有多丰富的知识，取得多大的成绩，或是有了何等显赫的地位，都要谦虚谨慎，不能自视过高。应心胸宽广，博采众长，不断地丰富自己的知识，增强自己的本领，进而创出更大的业绩。如能这样，则于己、于人、于社会都有益处。

一次，有人问爱因斯坦：“您在物理学界可谓是空前绝后了，何必还要孜孜不倦地学习呢？”爱因斯坦并没有立即回答他这个问题，而是找来一支笔、一张纸，在纸上画上一个大圆和一个小圆，对那位年轻人说：“目前情况下，在物理学这个领域里可能是我比你懂得略多一些。正如你所知的是这个小圆，我所知的是这个大圆，然而整个物理学知识是无边无际的。对于小圆，它的周长小，即与未知领域的接触面小，他感受到自己的未知少；而大圆与外界接触的这一周长大，所以更能感到自己未知的东西多，会更加努力地去探索。”

像爱因斯坦所指出的那样，不懂得谦虚的人，最喜欢的就是用自己的长处和别人的短处相比，喜欢挑别人的毛病，总觉得自己很优秀。这样的人，很难主动去学习别人身上的优点，只要自己稍微取得一点成绩就会兴高采烈，而一碰到挫折就会灰心丧气。这样的人，常常遭遇失败。

由于骄傲，“力拔山兮气盖世”的项羽，最终败在了他所轻视的刘邦手下；由于自大，“过五关斩六将”的关羽败走麦城。

法国资产阶级革命时期的风云人物拿破仑，也是吃了骄傲自大的亏。早年他曾以“神速和勇猛”的战争手段，常常以少击多，出奇制胜，大军所向披靡，被人称为战争之神。然而，胜利冲昏了他的头脑，丰功伟绩使他骄傲如狂，他居然认为“不可能，只是庸人字典中的字眼”，与他无关。于是武断专横，为所欲为，在他大获全胜的奥斯特里茨战役后的第七年，他又亲率60万大军进攻俄国，却被打得一败涂地，后来被流放到圣赫勒拿岛，从巅峰跌到了谷底。

以上的故事告诉我们：人贵有自知之明。谦虚谨慎才不致将自己置于不利的处境。

孔子年轻的时候，曾经拜老子为师请教学问。在谈到怎样为人处世时，老子说了一句话：“良贾深藏若虚，君子盛德容貌若愚。”意思是：善于做生意的人，总是把珍贵的宝贝隐藏起来，不让人轻易看到；有修养、品德高尚的人，往往在表面上显得很愚笨。

生活中，青春期男孩该如何保持谦逊呢？

1. 诚恳地对待每一个人。

2. 了解别人的优点，同时学会理解别人的不足。

3. 建立内在的自我价值，任谁的打击也不要动摇。

4. 即使自己的确才学过人，也要顾及他人。

男孩成长手册

“月盈则亏，水满则溢”。谦逊不是要我们觉得自己渺小，而是为了更好地了解自己，给自己一个准确的定位，并能发挥自己的特长，规避自己的弱点，成就自己的人生。

所以，人立身处世，必须谦虚谨慎，温良恭让，善于隐匿，虚怀若谷，不矜功自伐，不肆意张扬，这样才能很好地保护自己，并受到别人的欢迎和拥戴。

人无信不立

5班今天班委选举，于恒竟得了全票。惊讶之中老师问同学，为什么于恒有这样好的人缘。

“于恒是个说话算话的人，够义气，只要他答应的，绝对完成。”

“他可负责了，工作接手了就特别认真，事情交给他，绝对放心。”

“他待人好，遇事不推，是自己的责任绝对自己解决。”

“记挂朋友。从来不爽约！”

“借东西按时还，从不拖，这还的确少见！”

听了这些话老师大概明白于恒最大的优点了。于恒一向对任何事情都十分上心，同学需要帮忙的时候，只要答应下来了，总是完成。对老师也一样，只要交给他一份工作，就无须担心结果了，说一不二，这的确难能可贵。

有人也曾经问过于恒：“凡事这么较真干吗，太累了。”于恒总摇头，说："答应了的事哪能反悔呢？要是做不到，就不该答应。给别人许诺了，给人希望了，又要让人失望，何必？能做到的，就得认真尽力地去做，要不，就别接手。""对朋友也一样，第一次你爽约，朋友心里嘀咕几声，第二次，最多也就责备几句，第三次，人家心里就有疙瘩了。但是你若是从来遵守诺言，你就会是一个值得信任的人，就不怕没有真朋友。"

给男孩的悄悄话

为人处世，讲诚信、守承诺，是基本前提。只有如此，才能赢得别人的尊重和信任。所谓"人无信不立"即是如此。

汉代的季布以诚信著称，时人谚云："得黄金百斤，不如得季布一诺。"李白在《侠客行》中高歌"三杯吐然诺，五岳倒为轻"，以五岳为轻来夸张侠客然诺之重，热情讴歌了助信陵君窃符救赵又如约自刭以谢的侯嬴以及此类的侠客，可见"诚信"的分量。

良好的信用，不仅让人赢取名誉、事业顺风，而且可以改写成败，甚至生死。

公元前4世纪，在意大利有一个名叫皮斯阿司的年轻人触犯了国王，被判绞刑，在某个法定的日子中将被处死。皮斯阿司是个孝子，在临死之前，他希望能与远在百里之外的母亲见最后一面，以表达他对母亲的歉意，因为他不能为母亲养老送终了。他的这一要求被告知国王。国王被他的孝心所感动，允许他回家，但是他必须为自己找个替身，暂时替他坐牢。这是一个看似简单其实近乎不可能实现的条件。有谁肯冒着被杀头的危险替别人坐牢，这岂不是自寻死路。但茫茫人海，就有人不怕死，而且真的愿意替别人坐牢，他就是皮斯阿司的朋友达蒙。

达蒙住进牢房以后，皮斯阿司回家与母亲诀别。人们都静静地看着事态的发展。日子一天天过去了，皮斯阿司还没有回来，刑期眼看就快到了。人们一时间议论纷纷，都说达蒙上了皮斯阿司的当。行刑日是个雨天，当达蒙被押赴刑场之时，围观的人都在笑他的愚蠢，幸灾乐祸者大有人在，刑车上的达蒙面无惧色，慷慨赴死。

追魂炮被点燃了，绞索也已经挂在达蒙的脖子上。胆小的人吓得紧闭双眼，他们在内心深处为达蒙深深地惋惜，并痛恨那个出卖朋友的小人皮斯阿司。就在这千钧一发之际，在淋漓的风雨中，皮斯阿司飞奔而来，他高喊着："我回来了！我回来了！"

这一幕太感人了，许多人都以为自己是在梦中。这个消息宛如长了翅膀，很快便传到了国王耳中。国王闻听此言，也以为这是谎言，便亲自赶到刑场，他要亲眼看一看自己优秀的子民。最终，国王万分喜悦地为皮斯阿司松了绑，并亲口赦免了他的刑罚。

这个震撼人心的故事告诉我们，诚信的力量何等巨大！信守诺言，你将在孤独时得到友情的温暖，你将在困境中得到人们的援手。

生活中，一些青少年有意无意地忘了自己的承诺，以为无足轻重。其实不然，许下诺言，就一定要去实现它，这是你在这个社会立足的根本。你一再地违背自己的诺言，就没有人会再相信你，在别人眼里你也就成了一个十足的小人。试想，在这个人际关系十分重要的社会里，没有了朋友，你还能做什么？随着我国诚信制度的建立、健全，一个人的诚信将与他的生存能力直接挂钩。在未来的社会中不诚信者将寸步难行。

青春期的男孩们在许诺时需要注意以下几条准则：

1．你在许诺的时候是否想过"我真的能履行诺言吗"这句话。当感到自己做不到时，最好不要轻率地向别人许诺。

2．在已经许诺了以后，你就应该认真地对待，努力地去实现它。即使是一个小小的承诺，比如"明天把书还给你"，在你完全可以做到的情况下也不要掉以轻心。

3．如果你做不到你曾许诺过的事，就应该及时地通知对方。你充足的理由和真诚的歉意会得到别人的谅解，同时也可避免不必要的误解和名誉上的损失。

男孩成长手册

坚守承诺能使你受人尊敬，也能给你带来很多成功的机会。也许为了这个承诺你付出了很多，但是你会在以后得到更多的回报。诚信，是一个人的形象和品牌，以此表现自己，你便会在学业上大有收获。

加强自制力

十三岁的何松，虽然上八年级了，可他却像一个小学生一样，上课的时候，常常克制不住自己。在课堂上不是与同桌讲话，就是在抽屉里看自己的漫画书，很少能认真地听老师讲课。身边的同学也不断地向老师说："老师，上课的时候何松经常与同桌讲话，而且很大声，已经影响到我们听课。""老师，上课的时候何松经常动我俩的课桌，我和同桌都不好写作业了。"

在老师的眼里，何松是一个十分聪明的孩子，活泼好动，但常常缺乏自制力，上课的时候经常管不住自己，上课前五分钟还能专心致志地听讲，五分钟过后就开始坐不住，管不住自己了。下课的时候，老师把何松叫到了教室的走廊处，对他说："据老师观察，你上课的时候有点开小差哦！上课的时候要认真听讲，影响到其他同学听课就不太好了。""老师，我知道自己这样做不对，可我没有办法约束自己，我该怎么办呢？我很想改掉自己的这一坏毛病。"

老师笑了笑，说："你知道自己缺乏自制力就已经是一个很大的进步了，培养自己的自制力，学会约束自己，确实比较困难，但是只要我们持之以恒，就一定能克服的。"何松点了点头。"那好，现在我们为自己制订一个计划，每节课坚持10分钟认真听讲，一个星期过后，再坚持15分钟，慢慢地养成认真听课的好习惯，一步一步地学会约束自己，心中无数遍告诉自己，一定能行的。”何松按着老师帮他制订的计划，认真地实施了起来。刚开始，何松觉得很难坚持，但仍没有放松对自己的要求，一个星期过后，何松慢慢地觉得上课真有意思，原来生活中常见的现象，都能在课堂上找到答案。

何松的注意力完全被老师吸引了，课堂上的乐趣远远超过了抽屉里的漫画书。在老师的帮助下，何松不断地激励自己，学会了约束自己，增强了自制力。

给男孩的悄悄话

生活中，青春期男孩情绪丰富不稳，约束自己的能力较差。欲望与理智的矛盾常纠缠在一起，令人烦恼。想整天看电视，打游戏，上网，买美食新衣……

有一个美国留学生叫马克。寒假里，马克随他的同学小李到农村过年。大年初一，李家准备了一桌丰盛的酒席招待马克。席上，李父特意以当地名酒款待嘉宾。李父给马克斟了满满一杯酒，可是马克只是礼貌地举杯，却滴酒不沾。

李家人问其故，马克说，他的家乡在美国西雅图，当地的法律规定，公民年满21岁才能饮酒，他今年才19岁，还未到饮酒的年龄。

李家人劝他：“这里是中国，不是美国，入乡随俗嘛。再说，没有一个美国人会知道你在中国饮过酒。”马克却说，虽然自己身在国外，也应该遵守美国法律。名酒的味道很香，但自己会克制自己，不到法定年龄，绝不饮酒。

马克虽然始终没有饮酒，但李家人对这个19岁的美国男孩十分敬佩。

寒假结束，马克要回学校的时候，当地政府有关部门特意设宴款待马克，马克却婉言谢绝了。问其故，马克说，美国的法律规定，凡属官方的宴请，只能由政府官员出席。他是一个普通的美国人，不是政府官员，因此不能接受官方的宴请。当地政府一再做工作，马克还是没有出席。

马克的故事值得男孩们深思。扪心自问，面对生活中的种种诱惑，你能岿然不动安如山吗?

由于身心的发展还不成熟，青少年容易被传播媒介中的暴力、迷信、色情内容诱惑，出现模仿和盲目崇拜的现象。如今电视节目中出现了低俗风、奢华风、凶杀暴力等不良倾向。受其影响，一位少年在初中毕业留言簿上写道，他的理想竟然是当一个杀手！父母质问儿子，为什么会有这样的“理想”？他理直气壮地说：“电视上的杀手多酷啊，作为堂堂男子汉就应该像那样！”

另外，学校的外部场所也会对青少年产生很大的影响。学校周围的电子游戏室、台球室、录像室、卡拉OK厅、网吧等，都是青少年乐于光顾的场所。如果我们自制力不强，很可能会沉溺其中，把学习和纪律置之脑后。据一项问卷调查反映，82.3%的学生看过不健康的电视或报纸杂志，30.1%的学生曾到过电子游戏室、台球室、网吧等。

作为新时代的青少年，每个人都应随时随地遵守社会的行为规范，懂得作为社会的一分子，都应约束自己的行为，不给他人造成伤害。唯有如此，我们的每个社会成员才可以享受平等、幸福的生活。

一个人要成就大的事业，就不能随心所欲、感情用事，对自己的言行应有所克制，这样才能使较小错误、缺点得到抑制，不致铸成大错。高尔基说：“哪怕是对自己的一点小的克制，也会使人变得强而有力。”德国诗人歌德说：“谁若游戏人生，他就一事无成，不能主宰自己，永远是一个奴隶。”要主宰自己，必须对自己有所约束、有所克制。

男孩成长手册

自制能力是在日常生活中和工作中善于控制自己情绪和约束自己言行的一种能力。一个意志坚强的人是能够自觉控制和调节自己言行的。如果一辆汽车光有发动机而没有方向盘和刹车的调节，汽车就会失去控制，不能避开路上的各种障碍，就有撞车的危险。一个想要有所成就的人如果缺乏自制力，就等于失去了方向盘和刹车，必然会“越轨”或“出格”，甚至“撞车”“翻车”。

如果一个人有比较强的自制能力，那么这个人一定能够战胜自我，远离祸害。如果不幸遇到祸害，他一定能够泰然处之，化祸为福。可见，自制对平安快乐的人生是极其重要的。

用优雅的风度虏获心灵

韩祥已经17岁了，可是和同龄的孩子比起来，他的个头是那么的矮小，黄黄的、稀疏的头发，一张并不英俊的脸上长满了红色的青春痘和褐色的小雀斑。

但韩祥却是学校有名的“才子”，他能写很优美的诗文，很多杂志都刊载过他的文章。他还会声情并茂地演讲，在很多演讲比赛中都获得了不错的名次。韩祥潇洒自信、机智幽默，特别受同学们的欢迎。

但是在以前，韩祥完全是另外一副样子。总是一个人精神萎靡地躲在角落里，长吁短叹。感叹命运的不公：世界上有那么多人那么完美，为什么偏偏自己会是一只丑小鸭？

因为对自己的外表很自卑，韩祥不喜欢去公共场所，学校里的活动也是能躲就躲。他总是设法躲避课间操，因为个子矮，每次他都是站在队伍的前面，每当这时候，韩祥就觉得特别丢脸。调座位的时候，他也不愿意和女生坐同桌，因为他总担心脸上的青春痘和雀斑会让爱干净的女生嫌恶。渐渐地，他把自己封闭起来了，做什么都畏首畏尾。

很庆幸，韩祥克服了自己的心理障碍，重新振作起来。在封闭自己的那段时间里，韩祥读了大量的课外书，通过读书他意识到，很多伟人都不是完美的。像拿破仑也是矮个子，却建立了雄霸一方的拿破仑帝国，鲁迅先生个头不高却是文坛巨匠；霍金瘫坐轮椅却成了“宇宙之王”。

一个人是否能赢得尊重和外表没有什么必然联系。意识到这点，韩祥对于脸上的青春痘和雀斑也不介意了。照着镜子端详自己：其实也没有想象中的那么差，长青春痘说明自己年轻，鼻梁上的小雀斑为自己增添了几分可爱。

走出自卑阴影的韩祥，用自己的才华和乐观赢得了同学们的喜爱和尊重。

给男孩的悄悄话

人们常说“他真是风度翩翩”“她秀外而慧中”等类似的话，这指的都是一个人的风度。

风度是一个人性格、气质、文化水平、道德修养的外在写真，是人自身所具有的较为稳定的行为习惯的外在表现方式，即一个人在言谈举止中自然表现出的各种独特的语气、语调、手势、动作等。

良好的风度需要较长时间的培养，通过加强自身内在的涵养，使自己心灵美，然后这种内在美才可能转化为良好的风度。

生活中，一些人能像磁石吸引铁屑一般，自然而然地吸引他周围的人，做事则得心应手、顺心如意，这是因为他们拥有磁铁般富有吸引力的风度、个性。尽管看起来他们似乎没有那些不怎么成功的人努力，但机遇围绕着他们打转，朋友们称他们为“幸运儿”。如果我们进一步分析他们，会发现他们有着迷人的风度、个性，这就是他们赢得人心的原因所在。

培养受人欢迎的风度是很必要的，它能使成功的机遇倍增，能够发展人际关系，塑造良好形象。

那么，青春期男孩如何打造自己的风度呢？

1．懂得幽默。以轻松的心态处世，人生将充满光明，也会使与你接触的人受到感染。

2．时常微笑。笑容会使你显得和蔼可亲、平易近人。

3．注意你的声音。讲话语调镇定、平稳的人最受人喜爱。

4．刚见面时握手，谈话中找时机轻拍一下对方的肩，都是热情的表现。

5．不要忽略礼貌，常说“请”和“谢谢”。

6．善用自嘲，可增强你的魅力。

7．不要小气。

8. 不过于在意自己的相貌。很少有人能拥有完美的外表，何况美丽的外表不见得比优雅的谈吐、亲切的微笑更让人喜爱。

9. 注意自己的身姿，抬头挺胸，让大家知道你充满自信。

10. 不要吝啬赞美的话，如果你对谁有好感，就该向他（她）说出来。要对别人有兴趣，谁都觉得，只关心自己的人很乏味。

11. 与对方的目光相接，表示你沉稳、自信，同时表示你对对方感兴趣。

12. 多读报纸杂志，及时掌握当前的热门话题，能够变得健谈。

13. 不要急于求成。懂得保持一定的距离，懂得怎样适可而止，才更有吸引力。例如，参加聚会不做第一个到和第一个走的人，给朋友打电话不要不知道结束。

14. 把自己当主人。因为你觉得害怕，所以才会害羞。但如果你把自己当作主人而非客人，主动招呼、照顾别人，就会使人觉得愉快。

15. 兴趣广泛、关心时事，这样才有丰富的谈话资料。难以想象有谁对每天只知道上班、下班、吃饭、睡觉的人有兴趣。

男孩成长手册

由于人的性格、气质不同，内在修养不等，行为习惯各异，每个人的风度也就不尽相同。良好的风度是众人所追求的，而它则是以个人良好的文化素养、渊博的学识、精深的思辨能力为内核的。那些胸无点墨、不学无术的人，任凭其仪表怎么美丽，也不可能具有良好的风度。

第十三章 会当凌绝顶，一览众山小

——规划未来的蓝图

把握梦想的罗盘

给自己定一个终生目标

用行动去实现愿望

像凸透镜一样聚焦全部能量

享受不断超越的过程

条条大路通罗马

把握梦想的罗盘

面对着文理分科这样进退两难的事情，刘昊伤透了脑筋，也做不出个选择。明天就要上交表格了。一番思来想去之后，他与父母商量这件事情，父母意见一致："学好数理化，走遍天下都不怕。"刘昊知道这俗语很有道理，想想学理科好像是件非常值得自豪又有前途的事情。唯独不如意的是，他真正的兴趣却似乎并不在此。

他回到屋里，仔细想着这些年学习的情况。刘昊并不算是一个偏科的学生，各科成绩都稳定，但物理始终是他的软肋。不是学不好，而是学物理对于刘昊来说似乎是件非常艰难的事情。各种类型的题和巧妙的解法，对于理科强的同学好像是非常有意思的事，唯独对刘昊却痛苦万分。除了常规解法，他什么都想不出来。这个问题一度困扰刘昊很久，他也曾经向老师请教，但不论怎么努力，也无法像其他一些同学一样做得又快又好。

但是另一门历史，却是刘昊最得意的学科。由于从小喜爱历史，他读过大量的历史书，历史年限、脉络理得非常清楚，解释头头是道，考试轻而易举。对于刘昊来说，学历史的过程像是不需用力，就能轻易到岸，而且一路愉悦，自得其乐。

这样想，他就不得不自问：到底适合自己的是什么？到底他想要学的是什么？花同样的时间，一门课上爬一米，另一门是3米，那应当如何选择？

长长地吁了口气，刘昊拿起笔坚定地填好了表格，如释重负。

给男孩的悄悄话

许多时候，我们艳羡他人的成功，常认为自己“比别人笨”“我哪是成才的料”“像他一样出名太难了”。其实，尺有所短，寸有所长，人的兴趣、才能、素质也是不同的。如果你不了解这一点，没能把自己的所长利用起来，你所从事的行业需要的素质和才能正是你所缺乏的，那么，你将会自我埋没。反之，如果你有自知之明，善于设计自己，从事你最擅长的工作，你就会获得成功。

这方面的例子实在是太多了：

达尔文学数学、医学呆头呆脑，一摸到动植物却灵光焕发。

阿西莫夫一直在努力成为一个自然科学家。一天上午，他坐在打字机前打字的时候，突然意识到：“我不能成为一个第一流的科学家，却能够成为一个第一流的科普作家。”于是，他几乎把全部精力放在科普创作上，终于成为当代世界最著名的科普作家。

伦琴原来学的是工程科学，他在老师孔特的影响下，做了一些物理实验，逐渐体会到，这就是最适合自己干的行业，后来果然成了一位有成就的物理学家。

而生物学家珍妮·古多尔同样也是一位非常善于自我定位的人，她清楚地知道，自己并没有过人的才智，但在研究野生动物方面，她有着超人的毅力、浓厚的兴趣，而这正是干这一行所需要的。所以她没有去攻读数学、物理学，而是深入非洲森林里考察黑猩猩，终于成了一个有成就的生物学家。

通向成功的道路有许多条，在不同领域不同行业，人们取得成功所需要的才能和智慧是不一样的。几乎每个青少年都有自己擅长的一种或几种才能。

有的青少年很有逻辑、数学天分，他们喜欢并擅长计数、运算，思维很有条理，经常向家长或老师提问题，追问为什么，并愿意通过阅读或动手实验寻找答案。如果他们的好奇心能得以满足，那么他们很可能在理科学习和研究上取得好成绩。

有的青少年很有语言天分，他们说话早，对语言、文字很有兴趣，喜欢听故事、讲故事，喜欢绕口令和猜谜等语言游戏，他们很可能成为成功的作家。

有的青少年擅长人际交往，他们比较容易理解他人的感受，能够和各类人相处，在各种情况下都能恰当地表达自己，经常充当团体的领袖人物，他们比较容易在政治、教育、管理或社会活动等领域取得成功。

有的青少年表现出空间天分，他们的视觉似乎特别发达，喜欢把事物视觉化，即把文字或语音信息转变为图画或三维形象，可能在绘画、摄影、建筑或服装设计、造型艺术等方面表现出兴趣和特长。

有的青少年表现出运动天分，他们能很好地协调肌肉运动，体态和举止优美而恰当，他们通常在体育运动、机械、戏剧和其他操作工作中有杰出表现，很容易成为优秀的演员、舞蹈家、运动员、机械师和外科医生。

成功学家通过研究发现，人类有400多种优势。这些优势本身的数量并不重要，最重要的是你应该知道自己的优势是什么，短项是什么，之后要做的则是敢于放弃短项，将你的生活、工作和事业发展都转向你的优势，把握好梦想的罗盘，这样你就会容易成功。

男孩成长手册

尽管路径各异，但成功者都有一个共同点，就是“扬长避短”。传统上我们强调弥补缺点，纠正不足，并以此来定义“进步”。而事实上，当人们把精力和时间用于弥补短项时，就无暇顾及增强长项发挥优势了；更何况任何人的欠缺都比才干多得多，而且大部分的欠缺是无法弥补的。所以，每一个青少年都应该努力根据自己的特长来设计自己、量力而行。根据自己的环境、条件、才能、素质、兴趣等，确定前进方向，把握好梦想的罗盘。做一个杰出者不仅要善于观察世界，善于观察事物，也要善于观察自己，了解自己。

给自己定一个终生目标

成晓从小就有这样的愿望：要学画画，考广告创意设计专业，做优秀的广告创意设计师。这可不是一天两天的兴趣。成晓小时候就表现出画画的天赋，大一些看电视、上网、看报，开始对那些广告小创意表现出极大的兴趣。他第一次告诉爸爸妈妈这个愿望，是上小学五年级的时候，爸爸妈妈都有些震惊，想着小孩子脑子里竟然已经有目标了，虽然不似其他小孩子“科学家”“天文学家”“考古学家”那么伟大，但有努力的方向，终究是件好事。

成晓一直庆幸，他有这样开明的父母，在他的目标上从不过问，也不评价。一直以来他们就告诉成晓：只要一直朝着一个方向走，就会感到每天充满生活的勇气。

在学校里，同学们坐在同一个教室，真正怀着长远理想的能有多少人呢？成晓虽然成绩不很突出，能力不算出众，但他那个成为广告创意设计师的心愿却一直十分坚定。到高中，大家都为高考埋头苦读时，老师谈起志愿，问了全班同学，唯有成晓充满希望、志气昂扬地说出了自己一直以来的梦想。他知道自己的方向很明确，所以他知道希望不会灭，走出的每一步都有着它的意义。

给男孩的悄悄话

放眼古今中外，无数杰出人士都具有远大的终生目标。汉司马迁一生著《史记》，“欲究天人之际，成一家之言”；鲁迅“横眉冷对千夫指，俯首甘为孺子牛”，用一支笔为同胞呐喊终生。毛泽东、周恩来从青年时代起，就具有强烈的爱国意识，以天下兴亡为己任，为中华之崛起而读书，立志为中华民族的独立富强奋斗终生。

一个没有目标的人，很容易受到一些微不足道的诸如忧虑、恐惧、烦恼和自怜等情绪的困扰。所有这些情绪都是软弱的表现，都将导致无法回避的过错、失败、不幸和失落。因为在一个权力扩张的世界里，软弱是不能保护自己的。

一个人应该在心中树立一个目标，然后着手去实现它。他应该把这一目标作为自己思想的中心。这一目标可能是一种精神理想，也可能是一种世俗的追求，这当然取决于他此时的本性。但无论是哪一种目标，他都应将自己思想的力量全部集中于他为自己设定的目标上面。

为了找到或找回你的人生主要目标，青春期男孩可以问自己几个问题，比如:

1. 我想在我的一生中成就何种事业?

2. 临终之时回顾往事，一生中最让我感到满足的是什么?

3. 在我的日常生活中哪一类的成功最使我产生成就感?

4. 我最热爱的工作是什么?

5. 如果把它作为自己终生的事业，怎样做到在有利于自己的同时，也对别人有帮助?

6. 我有哪些特殊的才能和禀赋?

7. 我周围有些什么资源可以帮助我实现自己的目标?

8. 除此以外，我还需要什么才能实现自己的目标?

9. 有没有什么职业是我内心觉得有一种声音在驱使我去做的，而且它同时也会让我在物质上获得成功?

10. 阻碍我实现自己目标的因素又有哪些?

11. 我为什么没有现在去行动，而是仍然在观望?

12. 要行动，那么，第一步该做什么?

男孩们，认真、慎重地思考上述问题，你会发现，它对寻找、定位自己的目标有切实的帮助。

男孩成长手册

终生目标应该是一个你终生所追求的固定的目标，你生活中其他的一切事情都围绕着它而存在。每个人都应把自己的目标当作至高无上的任务，全身心地为它的实现而奋斗，而不允许思想因为一些短暂的幻想、渴望和想象而迷路。

用行动去实现愿望

老师给同学们布置了一个任务：每个人拿一张纸条，在上面写上自己的梦想，然后默念三遍，谨记于心。陶阳工工整整地在纸上写下：当一名好老师，有耐心，有恒心，有知识。老师没有收小纸条，而是让学生们把它带回家，贴在每天能够看到的地方。

陶阳回家把纸条贴在床头后，妈妈见了，有些好奇。

“阳阳，这纸条是？”

“哦，老师让我们写的梦想，还让我们自己念三遍来着！”

妈妈意味深长地笑笑，对老师的用心表示赞同。接下来的几天，她见孩子每天起床看看那张纸条，然后背上书包上学，好像突然勤快了不少。妈妈知道，孩子对老师这个职业似乎充满向往和尊敬，这一张小纸条，确实给了他奋斗的动力。

晚上妈妈给陶阳送水果到房间里，见儿子正盯着纸条看。“怎么？这几天做得挺不错呀，值得表扬啊。”

“可是妈妈，你说这愿望是不是很难实现啊？”

“任何的梦想都是很难实现的，因为它得付出一定的努力，才可能达得到。但是如果你没有付出，就一定没有机会。所以，你也知道该怎么做了吧？”

给男孩的悄悄话

一旦有了梦想，就必须用行动去实现。如果有梦想而没有努力，有愿望而不能拿出力量来实现，这是不足以成事的。只有下定决心，历经学习、奋斗、成长这些不断的行动，才有资格摘下成功的甜美果实。

而大多数的人，在开始时都拥有很远大的梦想，只是他们从未采取行动去实现这些梦想，缺乏决心与实际行动的梦想于是开始萎缩，种种消极与不可能的思想衍生，甚至于就此不敢再存任何梦想，过着随遇而安、乐天知命的平庸生活。这也是为何成功者总是占少数的原因。

两位鼻子不舒服的病人住进了同一间病房。在等待化验结果期间，两个人都说，如果是癌，立即去旅行。结果出来了：甲得的是鼻咽癌，乙长的是鼻息肉。

甲当即列了一张告别人生的计划单，离开了医院，乙住了下来。甲的计划单是：去一趟拉萨和敦煌；从攀枝花坐船一直到长江口；到海南的三亚，以椰子树为背景拍一张照片；在哈尔滨过一个冬天；从大连坐船到广西的北海；登上天安门；读完莎士比亚的所有作品；力争听一次瞎子阿炳原版的《二泉映月》；写一本书……凡此种种，共27条。

甲在这张生命清单后面这样写道：我的一生有很多梦想，有的实现了，有的由于种种原因没有实现。现在上帝给我的时间不多了，为了不遗憾地离开这个世界，我打算用生命的最后几年去实现还剩下的这27个梦。

当年，甲就辞掉了公司的职务，去了拉萨和敦煌。第二年，又以惊人的毅力和韧性通过了成人考试。这期间，他登上过天安门，去了内蒙古大草原，还在一户牧民家里住了一个星期。

现在这位朋友正在实现他出一本书的夙愿。

有一天，乙在报上看到甲写的一篇散文，打电话去问甲的病。甲说："我真的无法想象，要不是这场病，我的生命该是多么的糟糕。是它提醒了我，去做自己想做的事，去实现自己想要实现的梦想。现在我才体会到什么是真正的生命和人生。"乙沉默了。

可见，人即使拥有再美好的愿望，如果不付诸行动，也只是画饼充饥。

天下最可悲的一句话就是：“我当时真应该那么做，但我却没有。”经常会听到有人说：“如果我当年就开始那笔生意，早就发财了！”一个好创意胎死腹中，真的会叫人叹息不已，永远不能忘怀。如果真的彻底施行，当然就有可能带来无限的满足。

青少年朋友，你现在已经有一个好愿望、想到一个好创意了吗？如果有，马上行动。将一个愿望真正地落实到行动上，应遵循以下原则：

1. 做好各种准备工作，考察愿望是否切实可行。

2. 制订每年、每月、每日的行动步骤表，按计划去做。

3. 安排好行动计划的轻重缓急、先后次序。

4. 行动方案应明晰化、细致化，这样落实起来，才能到位，才能更有效率。

男孩成长手册

英国前首相本杰明·笛斯瑞利曾指出，虽然行动不一定能带来令人满意的结果，但不采取行动就绝无满意的结果可言。如果你想取得成功，就必须先从行动开始。一个人的行为影响他的态度，行动能带来回馈和成就感，也能带来喜悦。

像凸透镜一样聚焦全部能量

过完一个周末，顾风疲惫不堪，竟然还是觉得收获甚少。他是个认真的孩子，用来休息的周末时间，他却给自己列了满满一张计划表，上面详细写着预计要完成的任务。顾风分配好时间，制订了时间表，严格地按照时间分配任务。

但是马上又要迎来一个周一时，他突然意识到，他所期望的，远没有达到效果。这是为什么呢？顾风对爸爸愁眉苦脸地说："我觉得我把握好了时间，但为什么我还是觉得效果不好啊……"爸爸仔细看了看儿子的时间表和任务表，马上发现了问题所在。

"你有没有发现，你给自己定的任务，都是需要深入的，而你给自己设定的时间表，却是分成零散的小块小块的。这样，你45分钟的时间段，去做本应当深入的事情，还未进入状态，脑子里的闹钟就响了，提醒你要挪到下一项了，效果自然是远没能达到的。"

顾风听了爸爸的分析，恍然大悟，确实，拥有大块的时间而把时间分割成小块来用，实在是太不明智的行为。一个课题，用四十五分钟来思考，和用两个小时来思考，效果自然是远不一样啊。当思维已经开始进入一个深层的状态，甚至可以用更多的时间来研究同一个课题时，对一个问题分析的厚度则完全上了一层次了。

给男孩的悄悄话

一个人的精力和时间本来是很有限的，在这种情况下，如果选不准目标，到处乱闯，几年的时间会一晃而过。如果想取得突破性的进展，就该像学打靶一样，迅速瞄准目标；像激光一样，把精力聚于一束。一个人只要"咬定青山不放松"，长期专注于某一事业，他通常就能成为这方面的专家、成功者。

法国的博物学家拉马克，是兄弟姐妹11人中最小的一个，最受父母宠爱。他的父亲希望他长大后当牧师，送他到神学院读书。可他却爱上了气象学，想当个气象学家，整天仰望着多变的天空。但没多久他又在银行里找到了工作，想当个金融家；后来他又爱上了音乐，整天拉小提琴，想成为一个音乐家；这时，他的一位哥哥劝他当医生，于是他又学医4年。

一天，拉马克在植物园散步时，遇到了法国著名的思想家、哲学家、文学家卢梭。受卢梭的影响，"朝三暮四"的拉马克，固定了自己的奋斗目标，他用26年的时间，系统地研究了植物学，写出了名著《法国植物志》。后来，他又用35年的时间研究了动物学，成为一位著名的博物学家。

世界上许多伟大事业的成就者都是一些资质平平的人，而不是那些表面看起来出类拔萃、多才多艺的人。为什么会出现这种情况呢？其实，在我们的生活中处处见到这种情况，一些年轻人取得了远远超出他们实际能力的成就。很多人对此疑惑不解：为什么那些看上去智力不及我们一半、在学校里排名末尾的学生却获得了巨大的成功，并在人生的旅途中把我们远远地抛在了后面呢？

文学大师歌德曾这样劝告他的学生："一个人不能骑两匹马，骑上这匹，就要丢掉那匹，聪明人会把凡是分散精力的要求置之度外，只专心致志地去学一门，学一门就要把它学好。"纵览古今中外，凡杰出者，无一不是"聚焦"成功的。法布尔为了观察昆虫的习性，常常废寝忘食地研究。有一天，他大清早就伏在一块石头旁。几个村妇早晨去摘葡萄时看见法布尔，到黄昏收工时，她们仍然看到他伏在那儿，她们实在不明白："他花一天工夫，怎么就只看着一块石头，简直中了邪！"其实，为了观察昆虫的习性，法布尔不知花去了多少个日日夜夜。数学家陈景润数十年如一日地研究"哥德巴赫猜想"。清代著名画家郑板桥，作画50余年，始终"咬定青山不放松"，专画兰竹，不画他物，终于成为擅画兰竹的高手。还有徐悲鸿擅画马，齐白石擅画虾，黄胄擅画驴，而唐伯虎拿手的则是仕女画。画猫专家曹今奇，从八岁起学画，专画猫，他画的猫曾在中国首屈一指，连许多国外商人也向他高价订购"猫画"。如果他们想行行拿状元，恐怕只能是白白浪费时间。

那么，青春期男孩怎么才能培养专注的习惯，克服"今天想干这个，明天想干那个"的朝三暮四的毛病呢？以下几点建议可供借鉴：

1．找到真正的兴趣所在

兴趣，是推动学习的重要内在动机，往往可以决定一个人一生的道路。有了兴趣，我们就能全神贯注。

2．不要因一时不出成果而动摇

许多人一心想有所成就，这种心情是可以理解的。但过于急切地盼望成功，则容易走向反面。

3．不要为别人的某些成功所诱惑

干事业，最忌见异思迁，而造成见异思迁的原因有很多，其中一个原因就是为别人的某些成功所动。正确的做法是认准自己的目标，执着地追求。

4. 不要怕艰辛，要舍得吃苦

千万不要光羡慕别人的成果，要准备下些苦功才行。

5. 控制自己的情绪、心态

应学会尽量少受外界干扰，即便受了干扰，也要及时“收回脑子”，这也是锻炼专注力的一个重要方面。

男孩成长手册

那些看起来智力平庸的人，往往能够专注于某一领域、某一事业，并长期耕耘不辍，最终实现自己的目标；而有些所谓的智力超群、才华横溢的人，总是喜欢毫无目的地四处游荡，等到蓦然回首时，仍旧一无所有。男孩子应该从青春期就开始，学着聚焦在一个方面，集中精力实现目标。

享受不断超越的过程

张一凡无疑是这所中学的名人，这里所有的学生和老师都听说过他，都知道高二（9）班有个很傲的男生叫张一凡。张一凡在这个学校里一点都不平凡，高一的孩子们刚进这个学校的时候都会听到从高年级的学生那里流传来的关于张一凡的传奇故事。

如果你在学校里遇见张一凡，肯定不会觉得他像你想象的那样璀璨夺目，他只是个平凡的孩子，如同他的名字。他是个体育生，靠体育特招来到这所重点高中。刚来的时候，班上的很多同学都觉得，体育生都是每天去操场跑步，学习成绩很差，上课就睡觉的学生。但是，张一凡的到来，改变了很多人的想法。

他是练长跑的，看着他跑步会觉得他就像是装着永动机的机器，永远不会累。每次学校运动会的时候，都能看见他飘逸的身影，对别人来说比要命都艰难的万米长跑，对他来说，就是一场秀。

跑得快，不足以让一个体育生在这个以学习成绩闻名的重点高中里成为传奇。张一凡的惊人之处在于，他的学习成绩也能在年级2000多人里遥遥领先，让其他同学望尘莫及。

他让众人流传的就是，在高二参加锦标赛获得金牌的他同时也获得了来自清华大学的橄榄枝，清华大学破格录取他，他可以从高二年级，直接背上背包，去清华读大学。清华是无数中学生的梦想，但是，当清华向他抛来橄榄枝的时候，他拒绝了。他依然在这个中学里，每天去训练，上课，跟大家一样考试，有时候会出去几天参加各项比赛。生活依旧在继续。他还在迎接他的每个挑战。享受每天的进步，或者是体育训练上的小突破，或者是又看了些什么样的书，或者是认识了几个新朋友，都能让他开怀。

张一凡说："我是个平凡的男生，我不要一步登天的感觉，那样会让我飘飘然，我会一步一步跑过来，并且享受每一次挑战。就像是一场场赛跑，我会在每一场挑战里都全情投入，享受这个过程。"

给男孩的悄悄话

张一凡的选择，让人敬佩。他可以选择唾手可得的名校，但是他更着迷于超越的过程。人生就是一个不断超越的过程，成功的动力源于拥有一个不断超越的进取目标。

一个人在现代社会中生存，知识面越广，得到的信息就越多，人生的视野就越加开阔。一个鼠目寸光的人，很难有所作为。超越不了自己，就谈不上超越别人。这不但不利于自己事业的发展，也很难在竞争激烈的社会上立足，最终只能为时代大潮所抛弃。

追求超越自我的人，每一分每一秒都活得很踏实，他们尽其所能享受、关怀、做事并付出。除了工作和赚钱以外，他们的人生还有其他意义。若非如此，即使居高位，生活富裕，也会感到空虚、乏味，不知生活的乐趣究竟在哪里。

进取心始于一份渴望。当你渴望实现梦想时，进取心便油然而生。当你坚信能改善自己的生活状况时，进取心便能滋长茁壮。渴望是原动力，当你想要一样东西、想要做成一件事时，你心中便有一份力量，推动你去获得、去进取、去追求。

进取心是内心的驱动力量，是经由想象而产生的意念。我们可以利用进取心推动我们向目标迈进。有进取心的人会勇往直前，为实现梦想而努力。

男孩成长手册

人生战场上的真正赢家是目标远大而明确的人，他们追寻生命的真谛并超越自我。他们能够把生活的各个层面融合为一体。为了享受生活的乐趣，他们不仅剖析自我，而且从大处着眼，展望生命的全貌。